北京大學《儒藏》編纂與研究中心 編

U0426468

《儒藏》精華編選刊

道南源委

〔明〕朱衡 撰
〔清〕張伯行 重訂
李勤合 校點

北京大學出版社
PEKING UNIVERSITY PRESS

圖書在版編目(CIP)數據

道南源委 /（明）朱衡撰，（清）張伯行重訂；北京大學《儒藏》編纂與研究中心編. —北京：北京大學出版社，2023.9

（《儒藏》精華編選刊）

ISBN 978-7-301-33921-3

Ⅰ. ①道… Ⅱ. ①朱…②張…③北… Ⅲ. ①程朱學派 – 研究 – 中國 – 清代

Ⅳ. ①B249.05

中國國家版本館CIP數據核字（2023）第065125號

書　　名	道南源委 DAONAN YUANWEI
著作責任者	〔明〕朱衡 撰 〔清〕張伯行 重訂 李勤合 校點 北京大學《儒藏》編纂與研究中心 編
策劃統籌	馬辛民
責任編輯	王　琳
標準書號	ISBN 978-7-301-33921-3
出版發行	北京大學出版社
地　　址	北京市海淀區成府路205號　100871
網　　址	http://www.pup.cn　新浪微博：@北京大學出版社
電子郵箱	編輯部 dj@pup.cn　總編室 zpup@pup.cn
電　　話	郵購部 010-62752015　發行部 010-62750672 編輯部 010-62756449
印 刷 者	三河市北燕印裝有限公司
經 銷 者	新華書店
	650毫米×980毫米　16開本　12.5印張　118千字
	2023年9月第1版　2023年9月第1次印刷
定　　價	45.00元

目録

校點説明

《道南源委》六卷，清張伯行據明朱衡所撰《道南源委録》十二卷重訂而成。朱衡（一五一二—一五八四），字士南，江西萬安人。嘉靖十一年（一五三二）進士，歷知福建尤溪、江西婺源諸縣，曾任福建提學副使，官至工部尚書兼右副都御史，總理河漕。《明史》有傳。張伯行（一六五一—一七二五），字孝先，號恕齋，又號敬庵，河南儀封（今蘭考）人。康熙二十四年（一六八五）進士，三十一年，考授内閣中書，改中書科中書，四十六年，擢福建巡撫，官至禮部尚書。雍正三年卒，贈太子太保，謚清恪。所著有《困學録》、《伊洛淵源續録》、《正誼堂文集》、《居濟一得》諸書。傳見《清史稿》卷二六五。

《道南源委録》乃明代朱衡視學閩中時所作，用以教示諸生，書名取程顥送别楊時南歸時所言「吾道南矣」之義，謂所載皆伊洛道學南傳之源委。全書十二卷，託始於楊時，附以游酢、王蘋，凡閩士之沿波而起者則載焉，明代惟録陳真晟、周瑛、黄仲昭、蔡清四人。其例本之朱子，文多抄録《宋史》、《閩通志》、府州縣志及遺事、行狀、志銘，隨文注明出處。

張伯行感其書崇正理學，而版久湮没，乃爲重加考訂，涉於異端者去之，未備者補之，定名爲《道南源委》。重訂之《道南源委》「名雖因舊，實出新裁」（《凡例》）。全書改變舊本史料叢脞之形式，每人各編爲一傳，又增加元明之後百餘人，原來的十二卷重訂爲六卷。卷一爲二程、楊時、胡安國等人，以二程弟子爲主；卷二爲羅從彦、高登、李侗等人，以楊時弟子爲主；卷三爲朱熹、蔡元定等人；卷四爲李東、鄧邦老等人，後附「朱子門人」十九人及「著書諸公」無事實可考者五十九人，以朱熹及其門人、後傳爲主；卷五、卷六爲元、明兩代承繼道南之學者，如韓信同、李學遜、林希元、林同等，共録元代學者十七人，明代學者八十七人，後附「著書諸公」五十一人。各傳以傳主聞道早晚及其在理學史上之地位定先後次序，傳主兄弟子侄等學有淵源者，則按其年輩爲序，附於傳主之後。

朱衡舊本「託始於楊時」，重訂本則「以二程夫子冠首」，蓋「南學出於二程，不忘所自也」。舊本各傳主稱謂不一，重訂本則統稱「某公」，從祀聖廟者稱「先生」，二程、朱子復於本名上多一「諱」字。是以重訂本較舊本體例謹嚴，且内容變化頗大，更富可讀性。

重訂本較舊本内容大變，但思想仍爲一貫，此即伯行所言：「名固仍舊，義亦有合。」全書以程朱理學傳承爲主綫，通過閩中學人之傳記，清理宋至明末閩中伊洛傳人學脈，着力突出朱熹理學傳承綫索，爲清初程朱理學振興之重要史料，《閩中理學淵源考》等書乃多取資於此。

張伯行巡撫福建，曾搜求先儒遺著，手自校刊，分立德、立功、立言、氣節、名儒粹語、名儒文集凡六部，刊成五十餘種，《道南源委》即其一，此即世傳康熙四十八年正誼堂初刻本。此本傳世不多，同治年間，已難尋覓。左宗棠自浙江督師過閩粤，凱旋福州，重振文教，因開正誼書局，訪輯伯行原本，重加校刊，定名爲《正誼堂全書》，《道南源委》在其中。《道南源委》於同治五年（一八六六）刊刻成功，此即同治《正誼堂全書》本。此本卷首增加《明史》朱衡本傳，且《正誼堂全書書目》題曰「明朱衡撰」，正文各卷仍保留舊題「儀封張伯行孝先甫重訂」字樣而不及朱衡。此本避「弘」、「丘」等諱，雖校出舊本部分錯誤，但亦增加了部分錯誤。此次校點乃以《四庫全書存目叢書》影印康熙四十八年正誼堂初刻本爲底本，以清華大學藏同治五年刻《正誼堂全書》本（簡稱「同治本」）爲校本。

原書無目録，今據正文增補。

校點者　李勤合

道南源委序

道之在天下也，流動充滿，彌綸布濩，徧東西朔南而無乎不暨，豈局於一方哉？程子稱先聖曰：「仲尼，元氣也。」又曰：「仲尼，天地也。」則知千古載道之人，其旋乾轉坤於六合之表者，直胥天下後世浸注之太和洋溢中矣。信乎，道之流行於天壤，統宗於斯人者，果非一時一地之所能囿也。雖然，溯孔、孟者曰鄒、魯，溯二程者曰伊、洛，溯楊、羅、李、朱者曰道南，其始也有源，其既也有委，殆亦祭川者所謂先河而後海意歟。

余既重訂朱子所編《伊洛淵源録》，又考有明少宰鎮山朱公視學閩中，嘗編《道南源委》，以詔博士弟子員。其例本之朱子，其文參之《宋史》、《閩通志》、府州縣志及遺事、行狀、志銘。誠哉，有心斯道者獨是朱公之編次重統也。余在戊子春，業成《道統録》一書，故於兹編雖溯厥統系，而惟是概舉大凡，取循源竟委之意，未備者補之，涉於異學者删之，且以二程冠其首，爲道南之發端。名固仍舊，義亦有合焉。

輯成，爰進諸生而詔之曰：「道之有源有委也，豈不待乎其人哉？亦豈局乎其地哉？龜山先生本濂洛之學以造閩士，其時，越三四傳而至考亭朱子、勉齋黄氏。師弟之授受，朋友之講習，奮然興起者，如雲漢之昭回，如江河之莫禦。理學名區，獨盛於閩，不惟比擬伊、洛，直與並稱鄒、魯，而程子『道南』之一語，遂符合如左券。噫嘻！閩濱東海，屹立武彝諸名勝，元氣融液，人與地會，當吾世復有興者，烏知後之視今，不猶今之視昔也。爾諸生景行前哲，能自振拔，以斯道爲己任。吾見閩學之盛行，且自南而北，而迄於東西，不局於一方，不限於一時，源遠流長，汪洋澎湃，道之所謂流動而充滿，彌綸而布濩者，於是乎統貫於載道之人矣。猗哉南邦，孰源而孰委，繼此者將有待而録諸。」

康熙四十八年己丑孟冬穀旦，儀封後學張伯行題於榕城之正誼堂。

凡例

一、是編名「道南源委」者，取程夫子送龜山言「吾道南矣」之義。先輩有其書矣，板久湮没，今爲重訂，涉於異端者去之，昔所未備者補之。名雖因舊，實出新裁。

一、是編既名「道南」，凡所載諸儒皆自楊、游以下。其楊、游以上，如漳中蔡蒙齋及海濱四先生，非不立説著書，昌明正學，然不得以道南名，故不與録。

一、朱子門人有無事實可考而亦附姓名里居於後者，爲尊朱子也。

一、元明以後諸儒，如吴朝宗、陳剩夫、周翠渠、蔡虚齋諸先生，尚矣。餘或善守程、朱門户，勿爲異説所惑，是均有傳道之功，舊集不載，今皆與録。

一、凡著書諸公，或無事蹟可稽，或見道未甚精粹，而所著之書不爲罔禆後學，故亦得附見姓名於後。

一、是編皆録南學，而以二程夫子冠首，何也？南學出於二程，不忘所自也。

一、是編所載諸儒皆稱「某公」，惟從祀聖廟者稱「先生」，至二程、朱子復於本名上多一「諱」字以别之。

道南源委卷之一

儀封張伯行孝先甫重訂
受業漳浦蔡衍鍠校

宋

程先生諱顥，字伯淳。世爲中山人，後從開封徙雒陽。高祖羽，太宗時爲三司使。父珦，慈恕剛斷。仁宗録舊臣後，使尉黄陂。歷知龔、磁、漢等州，有異政。言新法不便，致仕歸。累轉大中大夫，所得俸禄分贍親戚之貧者。先生神爽目秀，語聲鏗然。未能言時，叔祖母任太君抱之行，不覺釵墜，後數日方求之。先生以手指示，隨之果得。十歲賦《酌貪泉》詩曰：「中心如自固，外物豈能遷。」十二三，居庠序如老成人。户部侍郎彭思永異之，妻以女。十五，從父命，及弟伊川先生受學於濂溪周氏。慨然有求道之志，而汎濫於諸家，出入於老、釋幾十年，乃反求諸六經而得之。嘗曰：「自再見濂溪，吟風弄月以歸，有『吾與點也』之意。」二十六，舉進士，除鄠縣主簿。民有借其兄宅以居者發地得錢，兄子訴曰：「父所藏也。」令曰無證，先生曰：「易辨耳。」問：「汝父藏錢幾時矣？」曰：「四十年矣。」「彼借宅幾時矣？」曰：「僅二十年。」即遣吏取十千視之，謂借宅者曰：「今官所鑄錢，五六年即遍天下，此錢皆未藏前數十年所鑄，何也？」其人遂服。令大奇之。南山僧舍有石佛，歲傳其首放光，男女往觀，晝夜雜處。爲政者畏其神，莫敢禁。先生始至，詰其僧曰：「吾聞石佛現光，有諸？」曰：「然。」戒曰：「俟復見，必先白吾。職事不能往，當取其首就觀之。」自是不復有光矣。茅山有池產龍，如蜥蜴而五色。祥符中嘗取二龍入都，塗失其一，中使云飛空而逝。民俗嚴奉不懈，先生捕而脯之。有稅官貪賄怙力，衆皆憚之，莫敢發。獨心懼先生，揚言曰：「外人謂我盜官錢，新主簿且發之。吾勢窮，必殺人。」先生笑謂曰：「人之爲言，一至於此。足下食君之禄，詎肯爲盜？萬一有之，將救死不暇，安能殺人？」其人不敢言，私償所盜而去。府境水害，倉卒興役，諸邑皆狼狽，惟先生所部飲食茇舍無所不安。故鄰邑死者甚衆，獨鄠人無恙。調上元縣，攝令事，晝法均稅。初富者不便，多爲浮言，既而莫敢不服。邑訟最繁，不閱月而清。江南稻田引江水爲陂池，盛夏堤決，先生恐稽時，不請於郡，發令塞之。堤成，歲以大熟。邑當水運之衝，舟卒病者爲營處之，多以未得食死。先生白漕司，豫置米於營，至者即與，自是鮮有死者。嘗云：「一命之士，苟存心愛物於民，必有所濟。」

英宗治平四年，移晉城令。富人張氏父死，旦有老叟踵門曰：「我，汝父也。」子驚駭莫測，相與詣縣。叟曰：「身爲醫，遠出治疾，而妻生子。貧不能養，以與張先生。」質其驗，取懷中一書進，記曰：「某年月日，抱兒與張三翁家。」先生曰：「張是時纔四十，安得有翁稱？」叟駭謝。詔募粟實邊，轉輸則苦道遠，就糴必至價高。先生擇富民之可任者，預使購粟於邊以待，費大省。河東財賦窘迫，每官買，物價翔踴，至數十倍。先生度所需者，使富人預儲，定其價而出之。富家不失倍息，而官費比常歲不過十之二三。庫有雜錢數百千，取以補助民力。部使者至，則實告之。凡民以事至邑者，必教之孝弟忠信，入所以事父兄，出所以事長上。度鄉村遠近，爲保伍，使患難相恤，而姦僞無所容。凡孤煢殘疾者，責之親黨，使無失所。行旅出其途者，疾病皆有所養。諸鄉皆有校以教子弟，時或親至，召父老與語。於兒童所讀書，爲正其句讀。教者不善，則爲易置。邑始不知學，自先生至，而儒服者漸至數百人矣。鄉人爲社會，爲之立科條，别善惡，使有勸有恥。先是，民憚差役，互相糾訴，鄉鄰遂爲讎敵。先生盡知民産厚薄，第其先後，按籍而命之，無有辭者。河東義勇，農隙則教以武事。初不過應文備數，後遂爲精兵。常於座右書「視民如傷」四字，曰：「某於此常有愧。」在邑三年，無强盜及鬭死者。秩滿，代者且至，吏夜叩門，稱有殺人者。先生曰：「吾邑安有此？誠有之，則某鄉某也。」問之，果然。曰：「吾嘗疑此人惡少之弗革者也。」於時百姓愛之如父母，去之日，哭聲振野。先生雖去，而百姓守其教至久不變。

熙寧初，用吕公著薦爲中允，擢御史裏行。神宗素知先生名，每召見，將退必曰：「頻來對奏，欲常相見耳。」一日議論久，日官報午，中人曰：「御史不知上未食耶？」前後進説甚多，大要以正心窒欲、求賢育才爲先。復勸上防未萌之欲，勿輕天下士，神宗俯躬曰：「當爲卿戒之。」問所以爲御史，對曰：「使臣拾遺補闕，裨贊朝廷則可；使臣掇拾群下短長，以沽直名則不能。」時稱得大體。

王安石方相，日益信用，先生每進見，必言君道以至誠仁愛爲本，未嘗一語及功利，最後言曰：「智者若禹之行水，行其所無事也。舍而之險阻，不足以言智。自古興治立事，未有中外人情交謂不可而能有成者。」嘗極陳治道，神宗曰：「此堯、舜之事，朕何敢當？」先生愀然曰：「陛下此言，非蒼生之福也。」他日又言於上曰：「先聖後聖，若合符節，非傳聖人之道，傳聖人之心也。非傳聖人之心，傳己之心也。欲傳聖人之道，擴充此心焉爾。」神宗嘗稱介甫之學，對曰：「安石學不是。」神宗愕然，因言其故。安石雖與先生不合，而心服先生，嘗謂先生曰：「公之學如上壁。」先生曰：「參政之學如捉風。」安石亦不怒。後來逐不附己者，獨不及先生，曰：「此忠信人也。」及置條例司，遣八使於四方，先生在遣中。會盛暑，與安石對語。安石子雱囚首跣足，攜婦人冠以出，問所言何事。安石曰：「新法數爲人阻，乃與程君議。」雱箕踞大言曰：「梟韓琦、富弼之首於市，則新法行矣。」安石曰：「兒誤矣。」先生正色曰：「方與參政論國事，子弟不可預。」雱不樂，去。自是安石與先生不合。時近臣多以論新法不便外補，而司馬公辭樞密不拜，韓琦請解安撫領郡，先生上言：「大臣不同心，小臣預大計，興利之臣日進，尚德之風寖衰，四方人心日益摇動。臣奉職不肖，望早賜降責。」神宗令詣中書議。安石方怒言者，先生徐言曰：「天下事非一家私議，願平氣以聽之。」安石爲之愧屈。

改京西路提刑，疏辭。又改僉書鎮寧軍節度判官。時守嚴刻多忌，意先生嘗任臺憲，必不盡力任事，又慮其慢己。既而先生事之甚恭，雖筦庫細務無不盡心，相與甚懽。屢平反重獄，得不死者數十。是歲河溢澶州，曹村決。先生方救小吴，去曹村百里。州帥劉涣以事急告，先生一夜馳至，謂帥曰：「曹村決，京城可虞。臣子之分，身可塞亦爲之。請公盡以廂兵見付，事或不集，公當親率禁兵以繼之。」帥，義烈士也，遂以本鎮印授先生，諭士卒曰：「朝廷養爾，正爲今日耳。」命善泅者銜細繩以渡決口，水方奔注，達者百一，卒能引大索以濟。兩岸並進，數日而合。其未合也，有大木中流而下，先生顧謂衆曰：「若得横流入口，吾事濟矣。」語畢，木果横，衆以爲至誠所感。鎮寧河清卒，於法不他役。會詔修二股河，中人程昉爲外都水丞，怙勢欲盡取役。先生不可，昉請於朝，許用八百人。天方大寒，昉虐役不堪，衆逃而歸。州官畏昉，弗敢納。先生曰："此逃死自歸，弗納，必爲亂。若昉怒，某自當之。"即開門撫諭，約歸休三日復役，衆懽呼而入。因以事上聞，得不復遣。後昉奏事過州，揚言曰："澶卒之潰，乃程中允誘之，吾必訴於上。"同列以告，先生笑曰："彼方憚我，何能爲也！"果不敢言。

五年，郊祀沛恩，先生曰："吾罪滌矣，可以去。"遂求監局，以便奉親。得監西京竹木務，尋改大常丞。會修《三經義》，神宗曰："程某可用。"執政不對。是歲十月，彗星見翼、軫，應詔切論朝政。差知扶溝縣，專尚寬厚，以教化爲先。有犯小盜者，先使自新，後復盜，捕吏及門，謂其妻曰："我與令君約，不復爲盜，今何面目見之。"乃自經。廣濟、蔡河出縣境，瀕河不逞之民不治生業，專脇取行舟財貨，歲必焚舟十數以立威。先生捕得一人，使引其類，不治舊惡，惟分地處之，使挽舟爲業，且察爲惡者，自是扶溝無盜。畿邑税重，朝廷歲常蠲除，然良善之民皆先輸納，獲除者皆頑民也。先生爲約："前料獲免者，今必如期而足。"於是惠澤始均。會水災，請發粟貸民，鄰郡亦請。司農怒，遣使閲實。使至，鄰邑皆罷，先生不從，得穀六千石，飢民用濟。内侍王中正巡閲保甲，權寵甚盛，所至供帳華鮮。主吏以請，先生曰："吾邑貧，安能效他邑？且取於民，法所禁也。今有故青帳，可用之。"在邑歲餘，中正往來境上，卒不入。

除判武學，李定劾其立法之初首爲異論，又坐鄰邑犯盜寄繫邑獄者逸去，遂罷歸。先是扶溝地卑，歲苦水患，先生經畫溝洫之法，尚未及行，至是嘆曰："百里之地至狹也，而道之興廢繫焉，豈不有命乎？然知而不爲，而責道之興廢則非矣。"去之日，不使人知，老稚數百追及境上，攀挽號泣，遣之不去，詣府及司農乞留者不下數千。旋遇赦，以親老求近鄉監局。得監汝州酒税，從游者不遠千里而至。嘗論介甫性狠，人皆以爲不可，則執之益堅。熙寧初，行新法，並用君子小人。君子正直不合，介甫以爲俗學不通世務；小人苟容諂佞，介甫以爲有才能知通變。及君子既去，所用皆小人，争爲刻薄，故害天下益深。使當其時，衆君子不與之争，俟其勢久自緩，委曲平章，尚有聽從之理。小人無隙可乘，其爲害不至如此之甚也。故新法之行，亦是吾黨争之太過，成就今日之事，塗炭天下，亦須兩分其罪，可也。

哲宗即位，以時望召爲宗正，以疾不行。未幾，卒，年五十四。士大夫無論識與不識，莫不哀惜。葬河南府城南，文潞公採衆議，題曰「明道先生」。

先生資性過人，而充養有道，和粹之氣溢於面目，從遊者數十年未嘗見其忿厲之容。遇事優爲，雖倉卒不動聲色。慨秦、漢以來聖道湮塞，謂學者曰：「道之不明，異端害之也。昔之害近而易知，今之害深而難辨。昔之惑人也乘其迷暗，今之惑人也因其高明。自謂窮神達化，而不足以開物成務，言爲無不周遍，實則外於倫理。天下之學非淺陋固滯則必入於此，醉生夢死，不自覺也。」大中公告老歸，僦居雒城，族大人日衆，先生禄養，菽粟僅足，而老幼各盡其懽。中外孤幼無托者皆收養之，撫育誨導，期於成人，嫁娶皆先遺孤而後及己子。食無重肉，衣無兼副，女長過期，至無貲以遺嫁。朋友中貧者以單禦寒，累年而志不變，身不屈，皆得先生之身教也。

所著有《定性書》，闡明聖學之秘，與《太極圖説》相表裡。其微言精論，具在《語録》。伊川先生序《行實》曰：「周公没，聖人之道不行。孟子死，聖人之學不傳。先生生於千四百年之後，得不傳之學於遺經，以興起斯文爲己任。辨異端，闢邪説，使聖人之道復明於世，孟子之後一人而已。」謚純公，封河南伯，從祀孔廟，今世襲博士。弟頤，即伊川。聞楊中立從先生遊，比歸，目送之曰：「吾道南矣。」

先生諱頤，字正叔。幼時高朗，有大志。年十四，承父命與兄明道先生受學於周濂溪之門。十八，詣闕，上書仁宗言：「臣所學者，天下大中之道。」乞召對面陳，不報。後游太學，時海陵胡翼之主教事，以《顔子所好何學論》試諸生。得先生論，大奇之，處以學職。太學判吕希哲與先生同舍，首師事焉，既而四方之士聞風來者甚衆。

元豐八年，司馬温公、吕公著、韓公絳同薦於朝。諫官朱光庭，先生門人也，亦言：「程某究先王之藴，達當世之務，乃天民之先覺，聖代之真儒，俾侍經筵，足以發揚聖訓，兼掌學校，足以丕變斯文。」書數上，授汝州團練推官，西京國子監教授。尋召赴闕，以王巖叟薦除校書郎，先生辭曰：「祖宗時，布衣被召，自有故事。今臣未得入見，未敢祇命。」於是召對，奏論經筵三事。一言上富於春秋，輔養爲急，宜選賢德以備講官，陳説道義，使涵養氣質，薰陶德性。其二，請左右内侍宫人皆選老成厚重之人，不使侈靡之物、淺俗之言接於耳目。其三，請令講官坐講，以養人主尊儒重道之心，寅畏祇慎之德。太后嘉納，除通直郎，充崇政殿説書，先生再辭乃受。四月，例以炎暑罷講。先生奏言：「輔導少主不宜疎略如此，乞令講官以六參日上殿問起居，❶因

❶「參」，原作「三」，今據《二程遺書》改。

得從容納誨，以輔上德。」五月，差同孫覺、顧臨及國子監長貳看詳本監條制。先生所定，大概言學校禮讓相先之地，而月使之爭，殊非教養之道。請改試爲課，有所未至，則教官召而教之，更不考定高下。制尊賢堂以延天下道德之士，鐫解額以去利誘，省繁文以專委任，勵行檢以厚風教。與禮部侍郎胡宗愈所議不合。又上疏太后，言今日至大至急爲宗社生靈之計，惟是輔養上德。而輔養之道非徒涉書史，覽古今而已也，❶要使跬步不離正人，乃可以涵育薰陶，成就聖德。今間日一講，解釋數行，爲益既少，又自四月罷講，直至中秋，殆非古人旦夕承弼之意。請自今一月再講於崇政殿，然後宰臣、史官入侍。餘日講於延和殿，後楹垂簾，而太后時一臨之，不惟省察主上進業，其於后德未必無補。且使講官欲有所言，易以上達。不報。

八月，差判登聞鼓院。時例，講讀官以禄薄得兼他職，先生曰：「古人以蒲蘆喻教，謂當以誠化也。若營營於職事，則臨時進講，徒善説辭而已。」辭不受。神宗之喪未除，百官以冬至賀表。先生言：「節序遷流，思慕彌切，請改賀爲慰。」從之。及除喪，有司請張樂置宴。先生又言：「除喪而用吉禮，則因事用樂可矣。今特設宴，是喜之，非古人不得已除喪之意。」乃輟樂。又疏論延和講讀垂簾事，乞召講官至簾前，問上進學次第。又論邇英漸熱，乞就崇政、延和殿。又言：「本朝故事，太宗、真宗皇帝皆命講官殿上坐講，立講之儀始於明肅太后。夫祖宗尊儒重道之盛美，豈獨子孫所當法，萬世帝王所當法也。」又曰：「天下重任，惟宰相與經筵。天下治亂係宰相，君德成就係經筵。」每當進上，必齋戒，潛思存誠，冀以感動上意。而其爲

❶「而」，原無，今據《二程遺書》補。

說，常於文義之外反覆推明，歸之人主。聞者嘆服，而哲宗亦嘗首肯之。上或服藥，即日就醫官問起居。嘗聞上在宮中漱水避蟻，問：「有是乎？」曰：「然。」先生曰：「此惻隱之心也，陛下推此心以及四海，天下幸甚！」一日，講罷未退，帝忽起凭欄折柳。先生進曰：「方春發生，不可無故摧折。」上不悦。又所講書有「容」字，上藩邸嫌名也，中人以黄覆之。講畢，進言曰：「人主之勢不患不尊，特患臣下尊之過甚，而驕心生耳。請自今，舊名、嫌名勿復避。」初內官、宮嬪皆攜筆在後抄録講説，後見説着佞人之類，皆惡之。

在職累月不請俸，吏亦不致，諸公覘知之，俾户曹持給。郊廟霈恩，不爲妻求封。或問之，曰：「頤起草萊被召，再辭職不獲，乃受命，顧爲妻子求封乎？」經筵承受張茂則嘗招諸講官啜茶觀畫，先生不往。文潞公每嘆稱爲真侍講，一時人士遊其門者益衆。而先生實以天下爲己任，議論褒貶無所顧避，同朝之士疾之如仇。

翰林學士蘇軾好狎侮，見先生端嚴，以爲不近人情者，僞也。會明堂降赦，臣僚稱賀訖，而司馬相公卒，同列欲往弔奠，先生言曰：「子於是日哭則不歌。」坐客有難之者：「『子於是日哭則不歌』，不言歌則不哭。」軾曰：「此枉死叔孫通制此禮也。」衆皆大笑。而軾又屢以鄙語戲先生，朱光庭輩銜之。是時吕申公爲相，每有所疑，必質於先生，凡進退人材，軾及弟轍疑先生有力。值朝廷欲以游酢爲右正言，蘇轍沮之，毁及先生。一日赴講，會上瘡疹，不坐朝已累日。先生退詣宰臣，謂上不御殿，知否？宰臣曰：「不知。」先生曰：「上不御殿，太后不宜獨坐，且人君有疾，而大臣不知，可乎？」由是大臣亦多不悦。而諫議孔文仲因奏先生污下憸巧，請放田里。朱光庭、賈易輩亦疏劾蘇軾館試策問謗訕，自是洛、蜀之黨分。而胡宗愈、顧臨輩又連章劾先生不宜在經筵，遂罷説書，差同管勾西京國子監。先生再辭，不報。丁父憂，終喪，三省奏除館職。時蘇轍執政，謂先生不肯靖，太后入其説，止與西監。先生再辭，御史董敦逸奏其怨望，改授左通直郎，管勾嵩山崇福宫。

紹聖元年，哲宗親政，起直秘閣，權判國子監，專主教事。四年，以黨論放歸。哲宗一日與輔臣語及元祐政事，曰：「程頤妄自尊大，在經筵多不遜。」於是言者論先生與司馬光同惡相濟，遂削籍，送涪州編管。河南尹李邦直即日令都監迫遣，先生欲入别叔母，不許。行至龍門，邦直遣送百金爲贐，先生不受。門人謝良佐曰：「是行也，良佐知之，乃族子公孫與邢恕之爲耳。」先生曰：「族子至愚不足責，邢恕故人，情厚不敢疑。孟子既知天，焉用尤臧氏？」先生赴涪州，渡漢江，中流，船幾覆，舟中人皆號哭，先生正襟安坐。及岸，同舟父老問曰：「當船危時，君獨無怖色，何也？」先生曰：「心存誠敬耳。」父老曰：「誠敬固善，曷若無心？」先生欲與語，父老不顧而去。

徽宗即位，移峽州，以赦復宣德郎，任便居住。先生自涪州歸，氣貌容色髭髮皆勝平昔，門人問何以得此，先生曰：「學之力也。大凡學者，學處患難，富貴榮達不須學也。」復以通直郎權判西京國子監。先生既受命，即謁告，爲尋醫計，既而供職。門人尹焞疑之，先生曰：「上初即位，首被大恩，不如是何以仰承德意？然吾之不能仕已決矣，受一月之俸，然後惟所欲爲耳。」

建中靖國元年，追所復官，依舊致仕。崇寧二年，言者希蔡京意，論先生學術頗僻，素行譎怪，今復著書非毁朝廷。於是有旨，追出身以來文字，并所著書，令監司覺察。范致虚又言先生邪説詖行，惑亂衆聽，而尹焞、張繹爲之羽翼，乞下河南府體究，盡逐學徒。先生於是遷居龍門之南，止四方學者曰：「尊所聞，行所知可矣，不必及吾門也。」五年正月，彗出西方，太白晝見，除赦黨人一切之禁，復宣議郎，致仕。

大觀元年，疾革，門人往視之。先生瞑目而卧，門人曰：「夫子平生所學，正要此時用。」先生力疾微視曰：「道著用，便不是。」其人未出而先生没，時年七十五矣。

先生自涪陵歸，《易傳》已成，未嘗以示人。弟子請益，有及《易》書者，方命小奴取篋，身自發示之。弟子有一字之疑，必再三講解。嘗云：「吾四十以前讀誦，五十以前研究其義，六十以前反覆紬繹，以後著書，不得已也。」又曰：「某於《易傳》却已成書，但逐旋修改。期以七十，其書可出。《春秋》之書，待劉絢文字到，用功亦不多也。《中庸》却已成。今農夫祁寒暑雨，深耕易耨，播種五穀，吾得而食之。百工技藝，作爲器用，吾得而用之。甲胄之士，披堅執鋭，以守土宇，吾得而安之。却如此閒過日月，是天地間一蠹也。功澤又不及民，别事又做不得，惟有補緝聖人遺書，庶幾有補耳。」胡康侯奏：「本朝自嘉祐以來，西都有邵雍、程顥及弟某，關中有張載，此四人者，道學德行名於當世。會王安石當路，蔡京得政，曲加排抑，其道不行，深可惜也。伏望陛下特降禮官討論故事，加之封號，載在祀典，以見聖世崇儒重道之意。」仍裒四人遺書，委官校正，使學者傳習。

明道嘗言：「正叔一生不看《莊》、《列》，非禮弗動弗視，出於天與，從幼如是。」又曰：「異日能使人尊嚴師道者，吾弟也。若接引後學，隨人才而成就之，則予不得而讓焉。」隨父知漢州日，宿一僧寺，明道入門而右，從者皆隨之，先生入門而左，獨行至法堂上相會，自謂「此某不及家兄處」。蓋明道和易，人皆親近，先生嚴重，人不敢近也。明道爲條例司官，不以爲浼，而先生所作《行狀》乃不載其事。明道謂青苗法可且放過，而先生於西監一狀却甚校計。蓋明道德性寬大，規模廣闊，先生氣質剛方，文理密察，其道雖同，而所造各異。但明道所處乃大賢以上事，學者未至而輕擬之，恐失所守，先生所處雖高而實中人可企及，學者以此爲法，庶乎其寡過矣。涪人廟祀於北巖，稱伊川先生。理宗賜謚曰正公，追封伊陽伯，從祀孔廟，今世襲博士。聞楊中立、游定夫皆師事先生，嘗侍立不去，至雪深三尺云。

楊先生名時，字中立。其先弘農人，五世祖唐末入閩，寓將樂，遂家焉。先生資禀異甚，八歲能文。性至孝，丁母喪，哀毁如成人，事繼母尤謹。熙寧九年第進士，召汀州司户參軍，不赴，以師禮謁見程明道於穎昌。明道甚喜，每言曰：「楊君最會得容易。」及歸，送之出門，謂坐客曰：「吾道南矣。」明道死，師事伊川。一日，伊川瞑坐，先生與游定夫侍立不去。及覺，門外雪深三尺矣。歸杜門，沉浸經書，推廣師説，窮探力索，務極其趣，涵蓄廣大而不敢自肆。

久之，調徐州司法。丁繼母憂，服闋，授虔州。先生燭理精深，曉習律令，凡疑獄衆所不決者，皆立斷。與郡將議事，守正不阿。罹外艱，除喪，遷瀛州防禦推官，知潭州瀏陽縣。安撫使張公舜民待以賓禮。漕使胡師文惡先生與張善，歲饑，方賑濟，劾以不催積欠坐衝替。張公入長諫垣，薦之。除荆南教授，改宣德郎，知杭州餘杭縣，遷南京宗子博士會省員，知越州蕭山縣。時從遊千餘人，先達陳瓘、鄒浩皆以師禮事先生。嗣提點均州明道觀、成都府國寧觀，後例罷差監常州市易務，先生年幾七十矣。是時天下多故，或説當世貴人宜力引老成，開導上意。會路允迪傳墨卿使高麗回，言高麗王問龜山先生今在何處，乃以秘書郎召到闕，遷著作郎。及對，陳儆戒之言，除邇英殿説書。陳論蠲税、榷茶、鹽鈔、燕雲軍宜、❶衛士十餘事，執政不能用，而虜騎已入寇。又言：「今日所急者莫大於收人心。邊事之興，免夫之役，毒被海内，誤國之罪宜有所歸。西北聚斂，東南花石，其害尤甚。宿奸巨猾，借應奉之名豪奪民財，不可勝計。天下積憤鬱而不得發者，幾二十年。欲致人和，去此三者。」

會淵聖嗣位，先生乞對，曰：「君臣一體，上皇痛自引咎，至托以倦勤避位，而宰執叙遷，安受不辭，此何理也？城下之盟，辱亦甚矣！主辱臣死，大臣宜任其責，而皆首爲竄亡自全之計，陛下孤立何賴焉？乞正典刑，爲臣子不忠之戒。童貫爲三路總帥，虜人侵疆，棄軍而歸，置而不問，故梁方平、何灌相繼逃去。大河天險，棄而不守，虜人奄至城下，而朝廷不知。帥臣失職，無甚於此，宜以軍法從事。防城所，仍用閹人提舉，授以兵柄，此覆車之轍，不可復蹈。」淵聖大喜，擢右諫議大夫。虜人厚取金帛，又賂以三鎮，講和而去。先生疏曰：「河朔，朝廷重地，三鎮，河朔要藩。今一旦棄之，虜庭以二十州之地貫吾腹中，距京無藩籬之固，戎馬疾驅，不數日而至，此非經遠之謀。四方勤王之師，逾月而後集，使之無功而去，厚賜之則無名，不與則生怨，不可不慮也。頃聞三鎮之民欲以死拒守，今若以兵攝之，使腹背受敵，宜可爲也。朝廷欲專恃和議，以契丹百年之好猶不能保，寧能保此狂虜乎？夫要盟神不信，宜審處之，無至噬臍。」於是淵聖乃詔出

❶ 「宜」，疑衍。《伊洛淵源録》作「燕雲之軍宜退守内郡」。

師，而議者多持兩端，終失機會。太原諸郡告急，太學生伏闕乞留李綱、种師道，軍民從者數萬。執政慮其生亂，先生即見上，言諸生欲忠於朝廷爾，本無他意，但擇老成有行義者爲之長貳，即自定矣。淵聖喜曰：「此無逾卿者矣。」即命先生兼國子祭酒。遂言蔡京以繼述神宗皇帝爲名，實挾王安石以圖身利，故推尊安石，加以王爵，配享孔子廟庭，然致今日之禍者，實安石有以啓之也。謹按安石昔爲邪説以塗學者耳目，敗壞其心術者不可縷數，乞正其謬，追奪王爵，明詔中外，毁去配享之像。遂降安石從祀之列。諫官馮澥力主王氏，上疏詆先生。又會學官紛争，有旨皆罷。即上章乞出，除給事中。章又四上，請去益堅。以徽猷閣直學士提舉西京崇福宫，又懇辭職名不當得。有旨：「楊時學行醇固，諍諫有聲，請除閑職，累月懇辭，宜從其志，以勵廉退。改徽猷閣待制。」❶

高宗即位，除工部侍郎，論自古賢聖之君未有不以典學爲急務者，以君德在是故也。上然之，除兼侍講。二年，以老疾乞出，除龍圖閣直學士，提舉杭州洞霄宫。四年，上章告老，從之。年八十三，卒。近臣朱震奏：「楊某據經論事，不愧古人，請恤其家。」有旨，贈官，賻以金帛。子五人：迪，早世；迥、遹、適、造，已仕。

先生天資仁厚，寬大能容物。蔬食脆甘，皆可於口，未嘗有所嗜。狐貉緼袍，皆適於體，未嘗有所擇。故山之田皆先世所遺，無所營增。子孫滿前，每食不飽，不改其樂。積於中者，純粹而宏深，見於外者，簡易

❶「待」，原作「侍」，今改。

而平淡。閒居和樂，色笑可親，臨事裁處，不動聲氣。推本孟子性善之說，發明《中庸》、《大學》之道，當時賢公卿大夫莫不尊信焉。得伊、洛之傳，爲閩中道學正宗。著有《較正伊川易》、《三經義辨》，❶《春秋》、《禮記》解，《學》、《庸》、《語》、《孟》解，《易》、《春秋》、《孟子》義，《列子解》、《莊子解》、《經筵講義》、《辨字解》、《論日録》、《奏議》等書。學者稱龜山先生，謚文靖。成化元年，詔立祠延平，以羅豫章、李延平配。弘治八年，追封將樂伯，從祀孔廟。皇清康熙四十五年，准學臣沈涵之請，賜御書「程氏正宗」四大字匾於祠。

迪，字遵道。幼能力學，指物即賦，凛然如成人。既冠，貫穿古今，孝友和易，平居無喜愠色，至急人困乏，而樂其爲善，則矯然敢爲。與人辨論，綱振條析，發微指極，冰解的破，聞者欽聳。退而察其私，言若不能出諸口，度非身踐不苟言也。里有貨訟不决者連年，公一言而兩家悉平。游太學，聲出等夷。一旦棄去，抱經從程伊川游，以藐然少年周還群公之間，同門之士咸斂手推先。伊川少然可，雅器許之，嘗答龜山書曰：「令子名迪者，好學質美，當成遠器。」公於《易》、《春秋》尤精詣，熙寧三年以疾卒。

游公酢，字定夫，建陽人。與兄醇俱以文行知名，所交皆天下英豪。公自幼不群，過目成誦，壯益自力。誠中形外，儀容辭令，燦然有章，老師宿儒咸推先之。伊川一見，謂其可與適道。時明道知扶溝縣，聚邑人子教之，召公職學事，欣然從之，得其微言，盡棄其學而學焉。元豐六年登進士第，調越州蕭山尉。用侍臣

❶「辨」，原脱，今據《宋史·藝文志》補。

薦，召爲太學録，改宣德郎，除博士。以食貧待次，奉親不便，就擬知河清縣。忠宣范公判河清，待以國士，有疑義，與之參訂。移守永昌，辟公自隨，爲學教授。未幾還朝，復秉鈞軸，即除公太學博士。已而忠宣罷政，公亦請外，除齊州判官。丁父憂，服闋，調泉州簽判。徽宗立，召監察御史，出知和州。歲餘，管勾南京鴻慶宫，居太平州。兩乞，再任。知漢陽軍，以親老乞宫祠，除提點成都府長生觀。丁母憂，服除，知舒州，移知濠州。罷歸，寓歷陽，因家焉。

公事親無違，交友有信，待僚吏有恩。筮仕之初，有疑獄十餘年不決者，公一問得其情而釋之。時編民困於征斂，所至騷然，公歷知四郡，處之裕如，而民若不知，故戴之如父母，去則見思。伊川嘗謂人曰：「游君德器粹然，問學日進，政事亦絶人遠甚。」又曰：「建州游某，非昔日之游某也，固是渾然資質温厚。」又曰：「游某於《西銘》讀之，已能不逆於心。言語之外，立得這箇意思，便道中庸矣。」又曰：「新進游、楊輩數人，入太學不惟議論須異，且動作亦必有異，故爲學中以異類待之。又皆學《春秋》，愈駭俗矣。」其見重於程門如此。

年七十有一，卒，葬和州含山縣，謚文肅，學者稱廣平先生。著《易説》、《詩二南義》、《論語》、《孟子》雜解、《中庸義》、文集，藏於家。祠在建陽禾平里，即生前倡學處也。嘉熙二年，勅扁薦山書院。從孫開，字子瑩，從朱子遊，朱子稱其文學議論皆有餘，在此可與晤語。

王公蘋，字信伯，福清人。資禀清粹，充養純固，爲程門高弟。平居恂恂儒者，及語當世務，民俗利病，若習於從政者。然不邀名譽，世罕知之。知府事孫公祐列公學行於朝，召見，賜進士出身，除秘書省正字。上言曰：「人心廣大無垠，萬善皆備，盛德大業由此而成，故欲傳堯、舜、禹、湯、文、武之道，擴充是心焉爾。帝王之學與儒生異尚，儒生從事章句文義，帝王務得其要，措之事業。蓋聖人經世大法，備在方册，苟得其要，舉而行之，無難也。」兼史館校勘，遷著作郎。丐外，補通判常州，主管台州崇道觀。致仕，官至左朝奉郎。時中書舍人朱公震、寶文閣直學士胡公安國、徽猷閣待制尹公焞皆舉公自代，胡公薦尤力，謂公學有師承，識通世務，使司獻納，必有補於聖躬。楊龜山常曰：「同門後來，成就莫踰吾信伯矣。」年七十二，卒。著有《論語集解》及著作集。

胡先生名安國，字康侯，崇安人。父淵，字澤之，有孝行。先生七歲能爲小詩，即以文章道德自任。少長，入太學，晝夜刻畫。同舍靳裁之得程氏學，與論經史大義，自是益進。紹聖四年，登第，策問大要，欲復熙、豐之政，先生推言《大學》格致誠正之道，以漸復三代爲對，辭幾萬言。考官定爲第一，宰執以策中無詆元祐語，欲降其等。哲宗命再讀，諦聽逾時，稱善者數，親擢第三。除荊南教授，正身律物，務明忠孝大端。除太學録，遷博士，除提舉湖北路學事，言聖門設科，成周貢士，皆先德行，後文藝。改使湖南，所至訪求人材，詢問利病，剌舉必由公論。奉詔舉遺逸，先生以永州布衣王繪、鄧璋薦。時蔡京已惡先生不爲己用，屬吏李良輔訴「二人者，范純仁之客，而鄒浩所請托也」，遂命湖南提刑司置獄推治。獄未成，移北路再鞫，訖，不得請托之狀，直除先生名，勒停。先生退居荊門漳水上，定省外，經籍自娱。既而良輔以他罪發覺，臺臣乃辨明前事，有旨復官。政和元年，除成都路學事，以親老乞養。二年，丁内艱。服除，以余深薦召至京。得疾，告歸。宣和元年，除提舉江東路學事，未受命而父卒。比終喪，謂子弟曰：「吾奮迹寒鄉，爲親而仕，今雖有萬鍾之禄，將何所施？」遂稱疾掛冠，買田塋旁，築室勤耕，將終身焉。宣和末，侍臣合薦，除尚書屯田員外郎，先生入謝，且辭。靖康元年，除太常少卿，再除起居郎。三辭不允，乃至京師。方以疾在告，一日午枕，欽宗急召，坐後殿以俟。先生入見，奏曰：「臣聞明君以務學爲急，聖學以正心爲要，願擇名儒明於治國平天下之本者，虚懷訪問，以深發聖智。」又云：「陛下御極越半年矣，紀綱尚紊，風俗益衰，用人失當而名器愈輕，出令數更而士民不信。若不掃除舊迹，乘勢更張，竊恐大勢一傾，不可復正。」除中書舍人，屢辭不受。時門下侍郎耿南仲倚攀附之舊，凡與己不合者皆指爲朋黨，見奏，怒形詞色，言於欽宗曰：「安國往者不事上皇，今又不事陛下，可謂不臣矣。」欽宗不答。一日，問中丞許翰識安國否，對曰：「自蔡京得政，天下士大夫無不受其籠絡，超然遠跡者惟安國一人。」欽宗稱異，勉令受職，除中書舍人，賜三品服。南仲知上意不可回，乃訪臺諫犄角，言其稽慢不恭，宜從黜削，欽宗終不許。中書侍郎何㮚建議分置四道都總管，先生奏曰：「内外之勢，適平則安，偏重則危，今州郡太輕，理宜通變。然一旦遽以數百州之地分爲四道，則權太重，萬一抗衡跋扈，號召不至，又何以待之？若但委諸路帥臣，專治軍旅，每歲一按察其部内，或有警急，京城戒嚴，則各率所屬應援，如此則既有捍衛京師之勢，又無尾大不掉之虞。」㮚方得欽宗心，密説京師若不可守，則出幸山南，可以入蜀，其意欲當南道之任。又於先生嘗有推挽之力，必無駁異，至是駭曰：「康侯乃以異議爲高，古人言山林之士不可用，信然！」不得已，於四總管之地各削其遠近州縣而已。及後京師被圍，西道王襄領所部兵翺翔漢上，不復北顧，果如先生所言矣。吏部侍郎馮澥言劉珏行李綱責辭，實爲綱游説。珏坐貶，先生言：「陛下聖度寬明，無私好惡，無故復稱黨與未殄，議論未一。欲殄黨與，一議論，此蔡京行於崇寧，挾制異己，而遂其跋扈之謀者，何更遵用之？陛下欲復祖宗善政，而澥言祖宗未必全是，熙寧未必全非，推隆王氏之學，再挾紹述之議。國論紛紛，至今未定，則澥之故也。」於是南仲大怒，宰相唐恪、何㮚從而擠之，遂除右文殿修撰，知通州。行至襄陽，而北騎已薄都城。欽宗亟召還，不及。

高宗即位，召爲給事中。黄潛善方專政，意欲斥逐忠賢，先生言：「陛下將建中興而政事張弛，人才升黜尚未合宜，臣若隱情緘默，即負陛下委任之恩。」潛善惡之，訪給事中康執權彈擊，遂罷官。建炎二年，以樞密使張浚薦再起給事中。先生子寅時修《起居注》，高宗賜手札曰：「卿父未到，可諭朕旨，催促前來，以副延佇之意。」先生行至池州，聞駕幸吴越，遂引疾提舉洞霄宫。紹興元年，除中書舍人，兼侍講，再辭不允，遂行，獻《時政論》二十一篇。復除給事中，高宗曰：「聞卿大名，渴于相見，何爲累詔不至？」先生辭謝，乞以所進二十一篇見之施行。居旬日，以疾求去，高宗曰：「聞卿深於《春秋》，方欲講論。」遂出《左氏傳》，令點句正音。先生奏：「《春秋》乃仲尼親筆，實經世大典，義精理奥，陛下儲心是經，則南面之術盡在是矣。」除兼侍講，專以《春秋》進講。先生以學未卒業，乞在外編集，未允。會故相朱勝非同都督江淮荆浙諸軍事，先生奏：「勝非、黄潛善、汪伯彦同在政府，緘默附會，馴致渡江。尊用張邦昌，結好金國，淪滅三綱，不顧君父，恐不足倚仗。」詔勝非改除侍讀，先生羞與同列，卧家不出。是時秦檜雖奸，故深相知，而故相吕頤浩自都督江上還朝，欲傾秦檜，未得其方。過姑蘇，太守席益謂曰：「目爲朋黨可矣，但黨魁在鎖闈，當先去。」頤浩大喜，力引勝非爲助，而據先生奏擬責命曰：「安國屢召，偃蹇不至，今始造朝，又數有請。時方艱難，不肯致身盡瘁，自謀則善矣，如國計何？」遂落職，提舉仙都觀。是夕，彗出東南，檜三上章乞留，不報，解相印去。諫官江躋、吴表臣亦極言安國當留，頤浩即黜躋等二十餘人以應星變。

先生歸休于衡嶽之下，作書堂數間，頹然當世之念矣。初，王安石獨用己意，著《三經新説》，稱爲道德性命之學，於《春秋》聖人行事之實漫不能曉，詆爲斷爛朝報，直廢棄之，崇寧間防禁益密。先生自少年即有服膺之志，嘗曰：「六籍惟此書出先聖之手，乃使人主不得聞講説，學士不得相傳習，亂倫滅理，殆由是乎？」於是潛心刻意，採拾辨正，準則之以《語》、《孟》，權衡之以五經，證據之以歷代之史，研玩沉酣者三十年。及得程伊川所作《傳》，其間精義十餘條，若合符節，益以自信，探索愈勤。至是，年六十一而書始就，嘆曰：「此傳心要典也！」蓋于克己修德之方，尊君父，討亂賊，存天理，正人心之術，未嘗不屢書而致詳焉。紹興五年，除徽猷閣待制，知永州，不拜。差提舉江州太平觀，令纂修所著《春秋傳》進入。書成，奏御，高宗屢對群臣稱善。除提舉萬壽觀，兼侍讀，委所在守臣以禮津遣，先生以疾未行。會諫官陳公輔乞禁程頤學，先生奏：「孔、孟之道不傳久矣，自頤兄弟始發明之。乞加封爵，載在祀典，仍詔舘閣裒其遺書，較正頒行。」奏入，公輔與御史中丞周秘、侍御史石公揆論先生學術頗僻，行義不修，復除永州提舉太平觀。久之，高宗念訓經納諫之忠，特除寶文閣直學士。卒，年六十有五，贈左朝議大夫，謚文定，賜田十頃恤其孤。

先生恬静簡默，寡於言動，彊學力行，以聖人爲標的。《語》、《孟》、五經、諸史，周而復始，至老未嘗釋手。士子有自遠來者，隨其資性而接之，大抵以立志爲先，以忠信爲本，以致知爲窮理之漸，以居敬爲持養之要。志在康濟，見中原淪没，遺黎塗炭，痛苦切身，雖數以罪去，憂國愛君，遠而彌篤。見善必爲，知惡必去，嘗與同年飲酒過度，自是終身不復醉。少年好奕棊，母謂之曰：「得一第，德業竟耶？」自後不復奕。在長沙日，行部過衡嶽，愛其雄秀，欲一登覽，已戒行矣，俄而思曰：「非職事所在也。」遂止。嘗過上饒，有從臣家居者，盛饌飾姬妾，請令奉巵酒爲壽，先生蹙然曰：「二帝蒙塵，豈吾徒宴樂時哉？」其人赧赧而止。平居食無兼味，而奉先之禮必極其豐，家雖至困，不以告人。嘗戒子弟曰：「對人言貧者，其意將何求？」渡江以來，儒者進退合義者，以先生及尹和靖爲最。侯仲良言必稱二程，他無許可，後見先生，嘆曰：「不意復有斯人！」生平所與游者，惟游廣平、謝上蔡、楊龜山數人而已。上蔡嘗謂人曰：「胡康侯如大冬嚴雪，百草萎死，而松栢挺然獨秀者也。」明正統間從祀孔廟，成化三年，追封建寧伯。皇朝康熙四十五年，從學臣沈涵之請，賜御書「霜松雪栢」四大字匾于祠。弟安止、安老，父臨歿命嚴勑之，俱以經術行義著。子三人：寅，宏，寧。姪憲。

寅，字明仲。本文定弟淳之子。初生，弟婦以多男不舉，文定取而子之。少桀黠難制，閉之空閣，閣上有雜木，盡刻爲人形。文定曰：「當有以移其心。」置書數千卷其上，歲餘成誦。長從河東侯師聖游，十九入辟雍，宣和三年登進士，除校書郎。從楊龜山受業，遷司門員外郎。金人陷京師，議立異姓，公與張魏公、趙忠簡逃太學中，不書議狀。張邦昌僭立，公棄官歸，諫官劾其離次，降一官。建炎三年，高宗幸金陵，以張魏公薦爲駕部郎，尋擢起居郎。金人南侵，詔議移蹕，公上書乞按行淮襄，絶和議，以圖中原，不宜退保吴越。又言必務實效，去虚文，任君子，斥小人，反覆萬言。宰相惡其切直，除管江州太平觀。會應詔，上十事曰：

修政事，備邊陲，治軍旅，用人才，除盜賊，信賞罰，理財用，核名實，屏諛佞，去奸慝。不報，命知永州。復召起居郎，遷中書舍人，賜三品服。紹興五年，遷給事中，時議遣使講和，公援《春秋》大義，以復讎爲請。高宗嘉納，降詔獎諭。既而張魏公自江上還，言遣使爲兵家機權，竟反前旨。公力言無益者十事，不納，乞便郡就養。除徽猷閣待制，改知嚴州，又知永州。寧德皇后服，故事，以日易月，公上疏言：「禮，讎不復，則服不除。願詔服喪三年，衣墨臨戎，以化天下。」尋除禮部侍郎，兼侍講，直學士院。丁父憂，免喪。時秦檜當國，除徽猷閣直學士，奉祠。俄許致仕，檜憾不已。坐與李光書譏訕朝政，右正言章厦劾公不持本生母服，不孝，諫通鄰好，不忠，遂落職，穎州安置。檜死，詔自便，復其官。卒，年五十九，謚文忠。公志節豪邁，初擢第，張邦昌欲妻以女，不許。文定頗重秦檜靖康之節，及檜擅國，公遂與絶。穎州之謫，即日就道。在謫所，著《讀史管見》數十萬言，及《論語詳説》、《崇正辨》，皆行于世。又有《斐然集》三十卷。學者稱爲致堂先生。

宏，字仁仲，文定子也。幼穎敏，甫就外傅，鋭然以求道爲心。年十五，遂自爲《論語説編》、《程氏雅言》，旦夕玩誦。文定懼其果于自用，乃授以所修《通鑑舉要》，於是肆力研究。弱冠游太學，初事楊龜山、侯仲良，而卒傳其父文定之學。優游衡山下餘二十年，玩心神明，不舍晝夜，張敬夫師事之。紹興間，上書論復讎大義，累數千言，有曰：「二帝遠適窮荒，辛苦墊隘，其願望陛下加兵敵國，心目睽睽，猶饑渴之於飲食，庶幾父子兄弟生得相見。引領東望，九年于此。在廷之人不能對揚天心，充陛下仁孝之志，反以天子之尊北面讎敵。陛下自念，以此事親，何如也？陛下御位以來，中正邪佞，更進更退，無堅定不易之誠。陳東以直諫死於前，馬伸以正論死於後，而未聞誅一奸邪，黜一諛佞。雖當時輔相之罪，然中正之士，陛下腹心耳目也，奈何以天子之威，握億兆之命，乃不能保全以自輔助，顧令奸邪得而殺之？竊傷陛下威權之不在己也。」司業高閣請幸太學，公見其表，作書責其欺天罔人，言當此忘讎滅理、北面敵國之時，既不能建大論，明天人之理以正君心，乃阿諛柄臣，希合風旨，求舉縟節，粉飾太平。聞者嘆服。初以蔭補官，不調，秦檜當國，意欲用之，貽書其兄明仲言：「二弟何不通問？」公作書，辭氣甚厲，示以不可召之意。時四方從學者甚衆，一隨其高下誘進之，而汲汲于理欲之辨，仁敬之説。檜死，侍臣交薦，朝命沓下，而病不可爲矣。所著書曰《知言》，張敬夫稱其言約義精，道學之樞要，制治之蓍龜。有詩文五卷，《皇王大紀》八十卷。學者稱五峯先生。季子大時。

寧，字和仲，文定季子也。用廕補官。秦檜當國，留意名家子弟，貽書明仲，問公何不通書。公勉陳數事，及奏乞二程、邵、張從祀。既召試舘職，除勑令所删定官。會秦禧拜元樞，檜問曰：「禧近除，外議何如？」答曰：「外議以相公必不爲蔡京之所爲也。」遷太常寺丞祠部郎。初，公以父兄故召用，及兄與檜忤，言者希意，論公兄弟阿附趙忠簡。出爲夔路安撫司參議官，除知澧州，不赴，奉祠歸。文定之傳《春秋》也，修纂檢討多出公手，又著《春秋通旨》以羽翼之。稱茆堂先生。

憲，字原仲，文定弟安老之子也。安老字康年，恬淡簡默，喜周人急，仕至羅江令。公生而静慤，雖倉卒無疾言遽色。長從文定學，紹興中以鄉貢入太學，會伊洛學有禁，獨與劉白水陰誦竊講。既又學《易》于涪陵譙公天授，久未有得，天授曰：「是固當然。蓋心爲物漬，故不能有見，惟學乃可明耳。」公喟然曰：「所謂學者，非克己工夫耶！」自是一意爲己，不求人知。一旦揖諸生歸故山，力田賣藥，以養其親。文定稱其有隱君子之操，鄉人士從者益衆。近臣林彦質、范仲、朱震等以其行義聞于朝，被召，以母老辭。及彦質入西府，又言之，趣召愈急，賜進士出身，授左迪功郎，添差建州教授，公猶不出。太守魏矼遣行義諸生入里致詔，且手書力勸，乃勉就職。日進諸生，訓以爲己之學。聞者始而笑，終而疑，久而觀其所以修身、事親、接人，無一不如所言，遂翕然悦服。延致篤行程元、廉節龔何俾參學政，學者大化。秩滿，復留者再，蓋七年不徙官。嗣以母老，不樂居官舍，求監南嶽以歸。久之，起爲福建路安撫司屬官。時帥張宗元榷鹽急，私販銖兩亦重坐，公告以爲政大體。帥不悦，遂請祠去。會秦檜用事，天地閉塞，公泊然無復當世之念者殆二十年。及檜死，召大理司直。未行，改秘書省正字，疏言「金人大治汴京宫室，勢必敗盟。元臣宿將惟張浚、劉錡在，願亟起之」。時兩人皆爲積毁所傷，未有敢顯言當用者，公獨首言之。疏入，即求去，諸公留之不得。上亦感其言，以爲左宣教郎，主管崇道觀，使歸而食其禄。後浚、錡二公召用，公之力也。卒，年七十七，謚靖肅。公在位僅半年，極意顯言，每論天下事，至於慷慨洒涕。初與劉白水俱隱，後交朱韋齋、劉屏山。韋齋將没，囑晦菴師事焉。晦菴自言與公游最久，而吕祖謙、林之奇、魏掞之、熊克、曾逢皆其門人。著《論語會義》諸書行世，稱籍溪先生。

大時，字季隨，五峯季子也。兄大正，僉判泉州，有禦敵功。公先於湖南師事張敬夫，後又講學於朱子，問答甚多，載《大全》集。

練公繪，字質夫，浦城人。少同龜山游程子之門，程子器之。大觀中擢進士第，浮沉州縣，不以軒冕爲榮，而以名教爲樂，官至奉議郎。龜山嘗與書云：「孟子曰：『萬物皆備於我矣。反身而誠，樂莫大焉。』知萬物皆備於我，則雖行止疾徐間，有堯、舜之道存焉。世之人多不自己求之，以質夫篤志强學，因其所進，勉而卒之，無難矣。」

劉公勉之，字致中，崇安人。父元振，涵咏載籍，深造義理，與吕公大臨、游公酢友善。公自幼强學，日誦數千言，肆筆爲文，滂沛閎闊，淩厲頓挫。踰冠，以鄉舉詣太學。時蔡京用事，禁士挾元祐書，師生收書連坐，罪至流徙，名爲一道同風，實以鉗天下之口。公知其非是，陰訪伊、洛程氏之傳。得其書，藏去，俟深夜同舍生熟寐，乃探篋燃膏，潛抄默誦。涪陵譙天授嘗從二程游，兼邃《易》學，適以事至京，即往叩焉。得其本末，遂棄録牒，揖諸生歸。道南都，見劉元城，過毘陵，見楊龜山，皆從請業。元城尤奇之，留語數十日，告以生平行己立朝大節，以至方外之學，無不傾盡。公聽受其言，精思力行，久之，若有所得。與族人彦沖及胡籍溪講論切磋，結廬建陽之蕭屯，讀書力穡，無求于世，賢士大夫咸高仰之。中書舍人吕居仁與同列曾天游、李似之、張子猷共薦於朝，特詔赴闕。劉屏山作《招劍文》送之，其辭曰：「寶劍來，奉君王。撫四裔，定八荒。時乎時，毋深藏。」既至，秦檜方主和議，恐觸忌諱，但令對策，不使入見。公知道不易行，即日謝歸，杜門十餘載。故相趙鼎出鎮南州，道出里門，紆轡入謁。坐語移日，彌加嘆賞。與朱子之父韋齋先生友善，韋齋臨老，命朱子師事焉，屬以後事。公經理其家，愛朱子如己子，以女妻之。所居有白水，稱白水先生。孫懋。

𢡟，字子勉，白水孫也。博學通經，文辭奇偉。長受學屏山，得其論著。繼從胡籍溪遊，始知爲學大旨，自是易象、天文地理、律曆之奥，無所不通。受迪功郎，任會昌西尉，兼學事。秩滿，奉祠，以朝奉大夫致仕。杜門掃軌，仰師聖賢，鄉人子弟多所造就，學者稱恒軒先生。著《禮記集説》、《語孟訓解》。子三人：爚、炳、烱。

爚，字晦伯，子勉長子。天資重厚，純一弗雜。乾道八年進士，歷官連城令，蠲無名征斂，新學宫，教諸生入德之方。改知閩縣，清簡爲治，與民有信，大族貴宦、頑庶奸胥，莫敢撓法。諸臺府合詞列薦，以與趙丞相汝愚有連，避嫌。寧宗受内禪，公寓書丞相，言蠱毒中人之害，蓋指韓侂胄，而丞相不能用。丁父艱，從朱子讀書講道，學禁雖嚴，怡然自適。服除，主管都大坑冶司文字，知德慶府，葺學舍，練軍實。入對，請恐懼修省，開言路以廣忠益，闡公道以進人才，飭邊備以防敵詐。執政議欲留公，宰臣陳自强曰：「斯人閩縣之政，吾知之，然真僞學也。」遂以提舉廣東常平茶鹽。至官，痛加裁節，以足公用。嘉定二年，召對，言：「方今天下之勢不可爲安，所恃者人心。人心固未易一，所恃者公道。願陛下主持此道，不用一毫私心，不聽左右私言。」除吏部郎中，輪對，請開張聖聽，於經筵講讀，大臣奏對，反覆問難，以采義理之當否，政事之是非。累乞外，除浙西提點刑獄，所劾不避權要，所舉不受干求。召國子司業，言治道原于士風，士風本於學術。累聖相承，以爲先務，治教休明，儒宗間出，然後六經遺旨，孔、孟微言復明于千載。天下學者誦而習之，以《論語》、《孟子》爲門，《大學》、《中庸》爲凖。慶元以來，指道學爲僞，屏其人，禁其書，十餘年間，學者無所依向。乞降明詔，更不施行。又録朱子《白鹿洞學規》以進，請頒下兩學，與舊學規並行，從之。兼編修，郊祀，恩封建陽縣開國男，食邑三百户，賜紫金魚袋，權刑部侍郎，兼祭酒左諭德同修撰。時群臣爭務容默，公疏請崇獎忠讜，以作士氣，深戒諛佞，以肅百僚，固藩籬，選將帥，尤今日不可緩者。除刑部侍郎，言藝祖置將皆富之以財，待武吏與待文吏不同。文吏責以廉耻，武吏取以才能，文吏任州縣，以節用愛人爲本，武吏任將帥，以醲賞得士爲先。蓋因是時，江上諸將多以微文細過坐黜，故有是言。權刑部尚書，兼右庶子，仍兼講讀於東宫，言帝王之學，當本之《大學》，探之《中庸》，參之《論語》、《孟子》，然後質之《詩》、《書》，玩之《周易》，證之《春秋》，稽之《周官》，求之《儀禮》，博之《禮記》，而又通之歷代之史、《通鑑》之書，以知古今之得失，君臣之事鑑，則物格知至，意誠心正，於修身治平之道，猶指掌矣。每講論，至經史所陳聲色嗜慾之戒，輒懇切再三。以年過七十乞休，疏二十上，不允。比疾，猶黽勉輔導。年七十三，積階大中大夫，爵建陽縣開國子，食邑五百户，以通奉大夫致仕。訃聞，贈金紫光禄大夫，輟朝一日，詔杭州府致其喪，邵武軍給葬事，謚文簡。公爲人簡質端重，和易以莊。少習家訓，長得名師，其淵源一出于正。每夜斂衽默坐，虚心省察，嘗取《徐節孝帖》教其子弟而言曰：「日入之後，至于夜中，事物俱静，志氣俱定，是君子思慮經綸之時。」晚號雲莊居士，著有《奏議史稿》、《經筵故事》、《東宫詩解》、《易經説》、《禮記解》、《講堂故事》、《雲莊外稿》《續稿》若干卷。子垕。

炳，字韜仲，子勉次子。從朱子學，朱子編集《程氏遺書》，公兄弟研窮誦讀，晨夕不息。淳熙戊戌第進士，授迪功郎，知應城縣。好賢禮士，修飾學宫，訪求前令謝上蔡遺跡，作祠於講堂之東，朱子爲記。再調劍浦丞，專以仁義教化，平易近民。民有訟，委曲訓戒之。後有鬬者，將愬於公，而曰：「何面目復見耶？」累官兵部郎中，朝請大夫，乞祠閒居，誦讀不輟，自號悠然翁。朱子稱其嗜學，又嘗稱其居官不苟，《大全集》載其問答甚多。著有《四書問目》、《綱目要略》、《堂銘故事》、《睦堂類稿》。稱睦堂先生，謚文安。子填，知將樂，吏事精敏，豪猾讋服。孫應李。

炯，字季明，子勉季子。授進賢丞，遷固始令。早從朱子學，比掛冠，徜徉武夷九曲間，悠然自尋其樂焉。

𡌴字伯醇，晦伯子。寶慶三年，知江寧，爲政愷悌，不擾而辨。制閫以賢能薦，俾兼幕府，以收李全功，轉朝請大夫，知常州、衡州。移南劍州，辭疾不赴。與學徒熊竹谷輩講道終其身，學者尊爲静齋先生。著有《毛詩解》、《家禮集註》。子欽。

欽，字子時，伯醇子。在襁褓中，或啼哭，示以書帙，即嬉笑。甫能言，母梁氏教以古詩，輒成誦不忘。七歲，日授數千言，每夜達旦。母憐而節之，乃匿膏室中，候寢熟復燃。從蔡九峯學，精于《易》。以祖蔭補官承事郎，知嵊縣，有政聲。轉朝奉大夫，出知饒、處、邵武、南康等州。時江汀邵寇竊發，境内騷動，公募義勇勦捕，誅其首惡，餘悉縱還。陞殿中侍御史，同知樞密院事。歸隱武夷茶洞口，築茶巖小隱堂終焉，自號冰壺散人。終朝請大夫，謚忠簡。著《書經衍義》、文集十卷。

應李，字希泌，初名桀，韜仲孫。謹厚莊重，博習修潔，舉咸淳十年進士，調建陽簿。入元不仕，與熊勿軒、胡廷芳講道洪源山，居十有二年。後建化龍書院於莒潭，聚徒講授，厚給課試，悉倣州縣法。

方公元寀，字道輔，莆田人。父峻，字景通，聚徒講學，鑿井舍傍，禱曰：「願子孫居官如此水。」初官潤州，識程大中珦。及卒，明道爲作行狀，仍托范公祖禹爲墓道碑。公少與伊川游，書問往來，積數十帖。有曰：「經，所以載道也。誦其言，解其訓詁，而不及道，乃無用之糟粕耳。覬足下由經以求道，勉之又勉，異日見卓爾有立于前，然後不知手之舞之，足之蹈之。」又曰：「足下非混俗之流，其志道之士。」朱子刻于白鹿書院，書其後曰：「伊川先生德盛言重，不輕與人，今觀其眷眷如此，則方公之賢可知也。」元祐三年，以特科出身，終宣議郎、威武軍節度推官。曾孫翥。

翥，字次雲。六歲而孤，從兄略作萬卷樓，儲書千二百笥，遂盡讀之。登紹興八年進士，調閩清尉。到官三日，歸而闔户，跌宕於風烟無人之處。有旨召對，除秘書省正字。凡九月，以風聞論事，聽外補。公道古非緣章句，而終不肯著書，有吟寫，多出偶然。群處無羈束，有寒蟬野鶴蕭然出俗之度。敬事鹽官施廷先，而與林艾軒、陸子静友善。初艾軒喜稽康、李白、石曼卿之爲人，不入俗調，公曰：「此數人來孔門，恐一日着脚不得。」艾軒愧悟，以公爲先聞道，兄事之。朱子嘗過莆，聞公論説，喜躍不倦。

李公復，字履中，閩縣人。博記能文，紹聖間爲西邊使者，猶及識横渠先生。嘗論孟子集義養氣之義，謂其動必由理，故仰不愧，俯不怍，無憂無懼，而氣自充，舍是則明有人非，幽有鬼責，不慊于中，氣爲喪矣，故曰無是餒也。朱子嘆曰：「履中獨得大旨。」又曰：「近世之論，多以過高失之，甚者或流于老、莊，而不知不若此説之爲得也。」著有《潏水集》。

邵公清，字彦明，古田人。元祐間，太學生有十彦之號，公其一也。從横渠張氏學《易》，崇觀間還家，遂不復出。築室墓側，聚書十卷，角巾鶴氅，鄉里敬之。嘗應八行舉，人稱八行先生。年八十四，卒。

楊公敦仁，字仲遠，將樂人。嘗謂養氣之道如養苗，舍之而不耘，稗莠傷之，助之長者，則揠之而槁矣。楊龜山常與往返，論反身知命之學，異端佛、老之非。

吴公儀，字國華，南平人。清修力學，漁釣橘溪之上，時或行歌松蹊竹嶂，莫窺其際。楊龜山嘗題其釣臺及咏歸堂，豫章羅氏師事焉。自號審律，學者稱審律先生。從弟熙。

熙，字季明。博學勵操，與兄齊名，時稱雙璧。或從之談，道論文，傾心瀉意，語以勢利，俛焉不答。元祐間，陳公瓘以其兄弟學行言於郡守，延至學，爲諸生講經。薦於朝，得召赴闕。

江公琦，字全叔，建陽人。文學行誼，知名當世。宣和三年進士，仕永州學教授，終徽猷閣學士。覃思《春秋》之學，著《春秋經解》三十卷，楊龜山見而稱之。又著《辨疑》一篇，《語》、《孟》説各五卷。

林公子充，號拙齊，福清人。著《論語詩》五十首，林公之奇解《論語》多引用之。又有《指南集》三卷，詩文二集。與鄭俠、王聖時、林圖南、李天與爲友善，鄉人重之。與同里林仲嘉並稱古屯二賢。

黄公穎，字秀實，龍溪人。祖概，好學力行，孝順父母。父彦臣，爲莆、汀、劍、建四郡守，所至有惠政，累贈少師。公兄弟七人，登第者四，俱知名當世。兄碩，字若沖，登大觀三年進士，調建昌教授。外臺交薦，自江陵法曹累官朝散大夫，恬于仕進，奉祠里居，教授生徒。其卒也，郡守李彌遜祭以文，比之揚亢、馬少游。公以上舍免省解，赴崇寧三年廷試。時彗星見，指陳時政，靡所忌諱，抑殿丙科，除崇德簿。歷樞密院編修官，俄遷中書舍人。有忌其才，出爲提點太平觀。爲人温柔廉介，工書隸。著有《周禮解義》、《春秋左氏事類》行世。從姪樵仲。

樵仲，字道夫。祖預，著《詩解》行世。公杜門著書，登淳熙五年進士，調永福尉，再調汀州録參，俱有善政。俸外添支，一無所受，自書屏云：「俸薄儉常足，官卑清自尊。」謝事歸，每旦率子弟衣冠見家廟，退則默坐，或至終日。飲食衣服，不求鮮美。居喪三年，不歡笑。里有不義，惟恐其知。朱子守漳日，稱其品質渾厚，操履端方，禮請入學。及聽其講小學書，再三稱善。卒日，神采自若，朱子遣倅翁德廣經紀後事。所著有《禮記解》、《小學口義》行世。從弟櫄。

櫄，字實夫。家居及在太學，登其門者常數百人，浙、廣名士多師之。淳熙中以舍選入對，獻十論于相王淮，升進士丙科，調南劍教授，日以楊龜山、陳瑩中之學勉勵士子。嘉泰壬戌，預考南宫，尚書謂人曰：「經義非黄架閣不收。」時三魁皆公所取士，衆賀得人。終宣教郎。著有《詩解》、《中庸》、《語》、《孟》解、文集。時有林師德者，字正叔，爲學者師，與公齊名。

章公望之，字表民，浦城人。少孤，喜問學，以祖蔭監杭州茶庫，逾年辭去。上書論時政，凡萬餘言，❶不報。丁母喪，毀瘠逾制。服闋，游江淮間求食，人勸之仕，不應也。其兄拱之知晉江，以賍坐貶，公代訴于朝，得脱。近臣歐陽永叔等同薦其才，除建康節度判官，不赴。又除烏程令，趣受命，固辭，遂以光禄寺丞致仕。公志氣弘放，爲文辯博，宗孟子言性善，排荀卿、韓退之、李翺之説，著《救性》七篇。又論歐陽永叔以朱温爲正統之非，著《明統》三篇。江南李覯著《禮論》，謂仁義智信樂刑皆出于禮，公訂其説，復著《禮論》一篇。凡所著作，持義而不離于正。

翁公待舉，字至善，漳浦人。政和間進士，知興化軍，五更即披衣起，就燈下讀《中庸》一遍，乃出蒞事。有干以私者，曰：「某秉筆予奪，如對神明。」干者縮舌。嘗奏蠲本年諸色科税，郡人德之。

黄公祖舜，字繼道，福清人。宣和三年進士，累任至軍器監丞。入對，言縣令付銓曹察授，曷若委郡守。出判泉州，將行，乞于科舉外訪求抱道懷德之士，學行修明、孝友純篤者，縣薦之州，州延之學，以表率諸士。

❶「言」，原作「年」，今據同治本改。

其尤異者以名聞朝，是亦古鄉舉里選之意。留爲倉部郎中，權刑部侍郎，兼侍講。進《論語講義》，命金安節校勘。安節言其詞義明粹，下國子監梓行。知樞密院事，立朝侃侃，有冒覬恩幸者，極力排之。金亮犯淮，大將劉錡病不能軍，諸將王權、劉汜退敗，高宗欲誅之，公曰：「敗軍罪誠難赦，然劉錡有大功于國，若聞而憤死，得無快敵心乎？」高宗嘉納之。卒于官，謚莊定。所著《論語講義》，朱子多引用之。其他《易》、《詩》、《禮》説及《歷代史義》，凡數萬言，又有遺文十五卷。

王公普，字伯照，閩縣人。禮學律曆，莫不精深。登進士第，官至侍郎。朱子嘗評福州前輩明禮者三人，公爲最，劉藻次之，任文薦又次之。藻字昭信，著《易解》五卷，有曰：「見險而止爲需，見險而不止爲訟。能通其變爲隨，不能通其變爲蠱。」終布衣。文薦字遠流，著《六經章句》，登紹興進士，官秘閣修撰，王十朋稱其直道立朝。

江公杞，字堅老，建陽人。政和二年進士，歷仕州縣，民安其政，爲御史致仕。里居十有五年，講學著書不倦。郡守魏矼見其所註《孝經》，嘆曰：「他日變此邦爲曾、閔，其必因此書也。」

道南源委卷之二

儀封張伯行孝先甫重訂

受業❶

宋

羅先生名從彦，字仲素。先世自豫章遷劍浦居焉，曾祖文弼，祖世南，父神繼，皆隱居不仕。先生幼穎悟，不爲言語文字之學。及長，嚴毅清苦，刻志求道。初從吴國華遊，已而聞楊龜山得伊、洛之學，慨然慕之。龜山方爲蕭山令，徒步往從焉。初見三日，驚汗浹背，曰：「不至是，幾枉過一生。」蓋知前日之學非也。龜山亦喜其可與言道，語以心傳，嘗論《易》至乾九四爻，云：「曩日聞伊川説甚善。」先生鬻田走洛，見伊川而問之，亦不外龜山所言。於是盡心力以事龜山，摳衣侍席二十餘載，盡得不傳之秘。初，龜山以《孟子》「饑者甘食」章令先生思索，先生曰：「飲食必有正味，饑渴害之，則不得正味而甘之。猶學者必有正道，不悦於小道而適正焉，則堯、舜人皆可爲矣。」龜山曰：「此説甚善，更於心害上一着猛省，則可以入道矣。」先

❶「受業」下，原缺，下卷三、卷六同。

生服膺此語，凡嗜好一切禁止。同邑陳淵，龜山壻也，每詣先生，竟日乃還，謂人曰：「自得仲素，日聞所未聞。奥學清節，南州冠冕也。」郡人朱喬年、李愿中執弟子禮來見，終日静坐，只説文字，未嘗一及雜語。紹興壬子，州學落成，以太守周綰之命，領袖諸生，行釋菜禮，有洙、泗齗齗氣象。

先生清介絶俗，山居有顔樂齋、寄傲軒、邀月亭、獨寐龕，白雲亭，臨池有濯纓亭，吟咏自適，絶意仕進。靖康中，採祖宗故事，爲《遵堯録》，擬獻闕下，會國難，不果。與學者論治，則曰：「祖宗法度不可廢，德澤不可恃。廢法度則變亂之事起，恃德澤則驕佚之心生。」又曰：「君子在朝則天下必治，小人在朝則天下必亂。蓋君子進，則常有亂世之言，使人主多憂，憂則善心生，故治。小人進則常有治世之言，使人主多樂，樂則怠心生，故亂。」又曰：「天下之變，不起四方，而起朝廷。譬人之傷氣，寒暑易侵，木之傷心，風雨易折。」論士行則曰：「周、孔之心使人明道，學者果能明道，則周、孔之心深自得之。三代人才，得周、孔之心而明道者，故視死生去就如寒暑晝夜之移，而行忠義也易。漢、唐以經術古文相尚，而失周、孔之心，於是明道者寡，故視死生去就如萬鈞九鼎之重，而行忠義也難。」又曰：「士之立朝，要以忠厚正直爲本。正直則朝廷無過失，忠厚則天下無怨嗟。一於正直而不忠厚，則漸入於刻，一於忠厚而不正直，則流入於懦。」其議論淳正，類如此。朱晦菴謂龜山倡道東南，士游其門者甚衆，而潛思力行，任重詣極者，先生一人而已。紹興二年，以特科授博羅主簿。卒於官，士民哭之慟，罷市三日。學者稱豫章先生，著有《毛詩解》、《中庸説》、《語》《孟》解、《春秋指歸》、《台衡録》、《議論要語》、《二程龜山語録》。淳祐間賜謚文質，明萬曆間從祀孔廟。皇朝康熙四十五年，准學臣沈涵之請，賜御書「奥學清節」四大字匾於祠。從姪博文。

博文，字宗禮，一字宗約。祖畸，字疇老，爲太常博士，定孔子冠冕，制禮樂歌二十餘章。歷官知廬、福、處三州，著《文海》百餘卷，《講義》五卷，《道山集》三十卷，《秘録》四十卷，《蓬山志》五卷，《洞霄録》十卷。公資禀和粹，沉静寡欲，處己待人，一主誠敬。從李愿中游，得伊、洛所傳之要，嘆曰：「儒、佛之異，公私之間耳。」從此沛然自信，其守益堅。用蔭，歷官静江府觀察支使，凡士大夫坐忤秦檜竄貶過府下者，皆善遇之，至竭禀鬻衣以濟其乏。改知瑞金縣，縣故多盗，計獲渠魁數人，置於法。歲旱，發廪賑饑，躬親厝置。又推其餘，以及旁縣。張魏公都督江淮，辟爲幹辦公事。愿中聞而喜曰：「張公高明闊大，而宗禮以精密詳練佐之，幕府無過事矣。」以嗣位恩轉通直郎，賜五品服，使募兵江西，糴建康，皆有成績，得知和州。未上，而吏部侍郎汪應辰制置全蜀，辟爲參議官，推誠啓告，政最天下。嘗録《二程遺書》，得張横渠家人流落不能自振者，爲言應辰，延置府學。士大夫游宦，貧不能歸，或不幸死，與死不能葬者，各捐俸助之。累遷承議郎，請祠，得主管雲州崇道觀。卒，朱子惜其不及大用，又傷吾道不幸而失此人。

黄公鍰，字用和，浦城人。政和中第進士，嘗從楊龜山受業，龜山器重之。及爲工曹，守將高其才，多委以事。適諸邑有水患，按視官希部使者意，多不以實聞。公請蠲田租，十去其八，使者怒，公雅辭詳對，卒得所請。調西安丞。靖康初，李忠定宣撫河東，辟爲幕屬。高宗朝，拜監察御史，首陳七事，深蒙嘉納。會廷臣奏事，高宗曰：「鍰論人君治心事甚詳，當處以諫職。」有沮之者，除江西提點刑獄。有奏議、雜著、《論語類觀》、《唐史篤論》二十卷。

鄭公轂，字致遠，建安人。父鎮，登仕郎，以詞學名。公初就學，晝夜誦《中庸》不息，父戲之曰：「此篇句讀易讀耶。」公對曰：「讀書止句讀，安用之？竊意聖人之道在此。」既冠，入國學，累舉不第，嘆曰：「昔之求道者，尚友古人，吾今未及大賢之門，其可已乎？」遂走河南，值二程已逝，乃從謝顯道游。政和六年，以八行舉，尋第進士，調御史臺主簿秘書郎，出守臨江軍。乞祠歸，自號九思。嘗執父喪，火延喪室，抱棺叩頭，慟哭不去。已而火爇柱至半止，鄉人名止火柱。朱子有言：「鄭博士某，舊及見之，年七十餘矣。嘗見上蔡先人甚敬焉。」

高公登，字彦先，漳浦人。精於《易》，其爲學以慎獨爲本。徽宗時爲太學生，與陳東等上書乞斬蔡京、童貫、王黼、梁師成、李邦彦、朱勔等六賊。廷臣建和議，奪种公師道、李公綱兵柄，再抱書詣闕。軍民不期而會者數萬，帥臣王時雍縱兵欲盡殲之，公與十人屹立不動。欽宗即位，擢吴敏、張邦昌爲相，敏又白李邦彦無辜，乞復用之。公上書曰：「陛下踐祚之初，人人跂足以待維新，乃兵革擾攘，一切未遑，首擢吴敏、張邦昌爲相，又納敏黨與之言，李邦彦將復進用。臣恐天下將以陛下爲不明之君，人心自此而離。」不報，再言：「陛下有太甲之不明，而朝無阿衡，靡明皇之有初，而相同林甫。臣身微賤，臣言繫宗社存亡，未可忽也。」自是凡五上，皆不報。因謀南歸，忽聞邦昌各與遠郡，一時小人相繼罷斥，與所言偶合者十七八，喜曰：「可盡言矣。」復爲書論敏，不報。初金人至，六館諸生將遁去，公與林邁等請隨駕隸聶山帳中，而帝不果出。金人退師，敏遂諷學官羅織公等，屏斥還鄉。紹興二年，廷對，極意盡言，無所顧忌。有司惡其直，例作文理紕繆，授下州文學。尋有旨，附第五甲，乃授廣東富川主簿。憲臣董棻聞其名，檄讞昭、賀、龔、藤、潯、梧六郡獄，復命兼賀州學事。學故有田舍，法罷歸買馬，公請復舊。守曰：「買馬養士孰急？」公曰：「養士急耳。」守曰：「抗長吏耶？」公曰：「天下所恃以治者，禮樂法度也。既兩棄之，尚可言哉？」守不能奪。命攝獄，有囚殺人，守欲奏免之，曰：「陰德可爲。」公曰：「陰德豈可有心爲耶？殺人幸免，如死者何？」秩滿，士民乞留。不獲，相率餽錢五十萬，不告姓名，白守曰：「教授貧無以養，願勸之受。」公辭不可，請置學買書。歸至廣，新興大饑，帥連南夫檄發廩賑濟，復爲糜野食之，願貸者聽，全活萬計。歲適大稔，償亦及數。民投牒乞留以數百輩，因奏辟，終其任。紹興八年，赴政事堂審察，遂上疏萬言，作《蔽主》、《蠹國》、《害民》各上下二篇上之。高宗稱善，下中書。秦檜惡其譏己，格之，授静江府古縣令。道出湖州，湖守汪藻留與修《徽宗實録》，固辭。或曰：「是可以階改秩。」公曰：「但意未欲耳。」遂行。廣西帥沈晦問公何以治縣，公條十餘事。晦曰：「此古人之政，今日詐疑，胡可行也？」對曰：「誠不至耳。蠻貊可行也。」豪民秦琥，武斷鄉曲，持吏短長，號秦大蟲，邑大夫以下爲其所屈，公至，頗革，公喜其遷善，處以學職。他日乘間請囑，公謝卻之。琥怒，遣子弟要奪士人財物，既又侵貸學錢，公呼至，面數。琥奮臂厲聲曰：「何與君事？」公叱下，告衆，白郡及諸司，將寘之法。琥忿而死，一郡稱快。古縣，秦檜父舊治，檜實生此。帥胡舜陟謂公祠之，公曰：「檜爲相無狀，曷以祠爲？」舜陟怒，既又令市熊掌、牛乳，公曰：「踐雪而搏猛獸，將春而奪之牛，此人上耶？」舜陟大怒，移荔浦丞康寧代公。適公亦以母病乞去，舜陟遂創檜祠，而自爲記，且摭秦琥事，誣以專殺罪。詔送静江獄，舜陟遣健卒捕公。值公母死舟中，藁葬水次，航海詣闕，請納官贖罪。故人有爲右司者謂曰：「丞相云嘗識君於太學，能一見，終身事且無憂，上書徒爾也。」公曰：「某知有君父而已。」既而中書奏納官贖罪無故事，仍送静江獄。公歸葬其母，訖事詣獄，而舜陟先以事下獄死矣。事卒白，勑還家。至廣，漕帥鄭鬲、趙不棄辟公，攝歸善令。是秋委考試潮州，公摘經史要語命題，策閩、浙水災所由，皆屬意時事。郡守季仲文馳達檜，檜怒，坐以舜陟所奏。取旨，編管容州，鬲、不棄亦坐鐫一官，南省至揭公名爲考官戒。時公出試院還矣，省符下漳州，遣使臣謝大作持示之，公讀畢即上馬。大作曰：「少入告家人，無害也。」公曰：「君命，敢稽耶？」大作愕然。比夜，廵檢領百卒挾兵刃至，公曰：「若賜死，亦當拜勑。」乃就法。大作感公忠義，爲泣下，奮劍叱廵檢曰：「汝欲何爲？省符在我手，無他語也。」

公謫居，授徒自給，聞朝廷政事少失，輒顰蹙不樂，大失則慟哭隨之。臨卒所言，皆天下大計。後二十年，丞相梁克家、守何萬、傅伯壽相繼以其事聞，追復迪功郎。後五十年，朱子守漳，建祠作記，比之伯夷、柳下惠，又奏乞褒録，贈承務郎。公事母至孝，嘗奉母舟行，阻風封康間，方念乏晨羞，忽有白魚躍入。母病，思食鹿肉，夜有虎啣鹿置門去。所著有《家論》等篇及《東溪集》。明成化間，復建祠邑中專祀。

李公郁，字光祖，光澤人。元祐黨人朝散郎深之子，幼不好玩，坐立必莊。從舅氏陳瑩中學，踰冠復從楊龜山。龜山妻以第三女，嘗告之曰：「學者當知古人學何所用心，學將以何用。若曰孔門之學仁而已，則何爲謂之仁？若曰仁，人心也，則何者謂之人心？」公退求之，不合，因取《論》、《孟》讀之。十有八年，乃渙然有得。龜山殁，以所學淑後進，嘗語學者曰：「聖賢遺經，讀之又讀，於無味處益致思焉。至乎群疑並興，寢食不置，然後當驟進耳。」陳默堂稱其學口目俱到，未見其比。游太學，紹興中以遺逸召對，陳當世大務，高宗改容傾聽。補迪功郎，除勅令所删定官。丁憂服闋，會秦檜用事，自度不能俯仰禄仕，築室於邑西，山居焉。家計屢空，曠然不爲意，當世賢大夫益高仰之。辟福建帥府機宜文字，日訪民間利病，告其長而興除之。一日，帥欲毁民居數十爲列肆，酤酒要利，争之不聽，以老病辭歸，帥慚謝强留。卒於官，年六十五。公天資粹美，涵養有方，誨人無倦色，自奉甚約，而事親極其厚。承朝散公遺命，爲其叔父庭之後，庭卒，毁瘠如禮，治喪必誠必敬。兄偕駡賊死，事嫂如母，撫其子女如己出。凡世務人情，官政文法，以至行陣農圃之事，靡不習知。朱晦菴表其墓，惜其未究於用。所著有《易傳》、《論》、《孟》遺稿及遺文數十卷，藏於家，學者稱西山先生。從子吕。

吕，字濱老。父純德，有孝行，治《周禮》，兼《左氏春秋》。朱晦菴表其墓，稱爲好德有常之士。公蚤孤，事母至孝，育弟妹有成。聚族千指，朝夕序揖，至老不倦。幼從從父光祖授龜山之學，晚見朱晦菴於廬阜，爲講學友。於書無不讀，尤精於《易》，每言《易》在識時，和之以義，苟非真知義之所在，而喜言變，反害於《易》矣。時邑令憂無社倉，詣公求教，公條畫精明，綜理縝密，晦菴爲之記。子閎祖、相祖、壯祖，孫方子。

閎祖，字守約，别號絅齋，濱老長子。蚤授庭訓，已而從學朱門。篤志强力，精思切論，晦菴延之家塾，以訓諸孫，爲編《中庸章句》《或問》《輯略》。登嘉定辛未進士，調臨桂簿，提刑方信孺、漕使陳孔碩咸資以決事。暇即詣學，訓迪諸生，士習丕變。調古田令，改廣西帥幹，勤慎明恕，諸司論薦。改秩，未赴，卒。有《問答》十卷。

相祖，字時可，濱老次子。爲晦菴高弟。辯質詳明，用心精切，嘗以晦菴命，編《書説》三十餘卷。

壯祖，字處謙，濱老季子。與兄守約同第進士，調閩清尉。初至求教，朱晦菴嘉其有志，語以爲學之要。真西山嘗薦之，稱爲人物典刑。

方子，字公晦，濱老子正己之子也。少博學能文，端謹純篤，初見朱子，謂曰：「觀公爲人，自是寡過。但寬大中要規矩，和緩中要果決。」遂以果名齋。竟日危坐，對賓客一語不妄發，雖奴僕不加詬詈，然皆嚴憚之。嘉定七年，登進士，廷對第三人，調泉州觀察推官。真西山爲守，稱其學邃氣平，本經術，明世用，每有大事，必資決而行。暇則辯論經訓，至夜分不倦。故事，秩滿必先通書廟堂乃除，公曰：「是求也，可乎哉？」丞相史彌遠怒之，踰年始除國子録。將選入宫僚，不少貶以希合，或告彌遠曰：「此真德秀黨也。」使臺臣劾罷之。既歸，從游者盈門。公學得諸心傳，親切超詣，嘗語人曰：「吾問學未能周盡，幸於大本有見。此心常覺泰然，不爲物欲所漬，若得真實務學之人，發明綱領，斯道庶幾不墜爾。」起辰州通判，尋卒。著有《朱子行狀》、《傳道精語》等書，又有《禹貢解》。慶曆二年，真西山在樞密，與尚書袁甫進於朝，特旨授朝奉郎，與一子恩澤。元虞集稱其於朱學確守不變，所謂毫分縷析，致知力行，蓋將終身焉。弟文子。

文子，字公謹。亦從朱子學。歷知閬、潼二州，吏譽藹然，持麾蜀中二十年，以道學倡，蜀人宗之。

陳公淵，字知默，初名漸，字幾叟，沙縣人。兄瓘，字瑩中，通《易》，數言國家大事，多驗。登元豐二年進士第三人，歷官給事中，屢言章惇、蔡京奸邪，又與宰相曾布不合，貶外。因不知程伯淳，自以爲耻，遂從楊龜山學。著《了齋集》、《尊堯集》、《遯齋閒覽》，謚忠肅。公初受業程門，繼亦受業龜山，與羅豫章爲友。龜山稱其深識聖賢旨趣，妻以女。當知餘杭時，嘗送《南歸詩》云：「幾年夢想至親闈，身逐行雲萬里飛。苕水未殊沂上樂，春風無負舞雩歸。」紹興五年，近臣廖公剛、胡公寅等薦充樞密院編修，丞相李公綱重其行，爲布衣交，至是爲江南西路安撫制置大使辟爲制置司機宜文字。七年，詔舉直言，以胡文定薦召對改官，賜進士出身，除監察御史，遷右正言。入對，言比年以來恩惠太濫，賞給太厚。又論程頤、王安石學術同異，高宗曰：「楊時之學能宗孔、孟，其《三經義辯》理甚當。」對曰：「楊時始宗安石，後得頤師之，乃悟其非。」高宗曰：「以《三經義解》觀之，具見安石穿鑿矣。」對曰：「穿鑿尚小，至於道之大原，安石無一不差。聖賢所傳，止有《論》、《孟》、《中庸》，《論語》主仁，《中庸》主誠，《孟子》主性，安石皆昧其原。仁道至大，《論語》隨問隨答，以愛人語樊遲，特其一端，安石遂以愛爲仁。其言《中庸》則謂中庸所以接人，高明所以處己。《孟子》七篇，專發明性善，而安石取揚雄善惡混之言，至謂無善無惡，又溺於佛，其失性遠矣。」因論和議，願以和爲息戰之權，以戰爲守和之具。章五上，益梗切，秦檜惡之。復疏論其親黨鄭億年，檜益怒，遂解言職，除宗正少卿。以何鑄論罷，管台州崇道觀，卒。著有《默堂集》。

蕭公顗，字子莊，浦城人。天資朴實，少孤，事母以孝聞。母喪，廬墓有靈芝之異。與李公郁、陳公彦、羅公從彦同游楊龜山之門，嘗答友人書云：「士之所志，舍仁義何爲哉？仁必欲熟，義必欲精。仁熟則造次顛沛有所不違，義精則利用安身而德崇矣。」後以累舉得官，爲清流簿，終歲而歸，徜徉閭里。朱喬年先生嘗師事之。

曾公恬，字天隱，晉江人。少從楊龜山、謝上蔡、陳了翁、劉元城諸賢游，爲存心養性之學。紹興中，仕大宗正丞。秦檜當國，公自守不爲屈，求外祠，得主管台州崇道觀。著有《上蔡語録》二卷。

林公宋卿，字朝彦，仙游人。嘗從陳瑩中學，瑩中稱曰：「頭項直。」又從楊龜山學，龜山稱曰：「百鍊鋼。」登崇寧五年進士，歷官知恭州。時帥奏開溪費州，南通辰沅，西抵瀘戎，公言得溪費地不足耕，得溪費民不足治，恐啓釁端，徽宗然之。又奏蠲州民宿逋二十萬八千四百五十餘緡，米十五萬四千八百石，州人祠之。秩滿，部使者疏留，徽宗曰：「是嘗奏罷溪費州役者，與之以寬朕西顧。」靖康中，以煩言得旨衝替，僑寓涪陵之韓亭，日與其士大夫唱酬自適。涪人以公才學出處與黄太史相後先，因號小涪。尹和靖見之曰：「溪費一奏，皆自養氣中得之。」薦於張浚，辟參謀軍事，力辭。建炎三年，以涪守王擇仁及河北帥臣薦，充湖南帥司參議。浚視師江上，欲以宣撫判官辟，不就。及還朝，首薦之。蒙召，乞祠，終朝請大夫。

鄒公棐，字堯叟，泰寧人。熙寧六年進士，官至宣城令。少有文名，工詞賦，壯游四方，從中山劉彝爲學，浸灌六經，貫穿百氏，各得其宗。其莅官雖雜冗必盡力，而處之裕如。晚得從楊龜山游，其卒也，爲辭哀之。

廖公剛，字用中，順昌人。《閩書》作建陽人。少從陳瑩中及楊龜山學，崇寧五年登第。宣和初，自漳州司録除國子録，擢監察御史。蔡京當國，論奏一無所避，以親老乞補外，出知興化軍。欽宗即位，以右正言召。丁父憂，服闋，除工部員外郎，以母疾辭。紹興元年，盜起旁郡，官吏悉逃去，部使者檄公撫定。公遣長子遲諭賊，賊知公父子信義，亦散去。除本路提點刑獄，尋召吏部員外郎。請稽舊制，選精鋭爲親兵，又乞營建康，以杜北人窺伺之意。遷起居舍人，權吏部侍郎，兼侍講，除給事中。丁母憂，服闋，復拜給事中。言江淮兵備莫若屯田，可以免待哺轉餉之患，爲三説以獻。時朝廷推究章惇、蔡卞誤國之罪，追貶其身，仍詔其子孫不得官於朝，於是章傑自郎中出知婺州，蔡僅自侍丞提舉江東茶鹽事。公封還詔書，謂如此豈足以示懲？有旨，悉與之祠。遷刑部侍郎，乞補外，除徽猷閣直學士，知漳州。漳俗侈靡，喪娶踰制，公立條約諭之。值日食求言，公請以建國公正皇子之號，布告中外，異時雖百斯男，不復更易，乃可以承天意，示大公。高宗讀之竦然，詔拜御史中丞。奏：「臣職糾奸邪，當務大體，若捃摭細故，非臣本心。」又奏：「經費不支，盜賊不息，事功不立，命令不孚，及兵驕官冗之弊，其原在一人之身。若誠意正己，臨照百官，則是非不紊，邪正洞見，弊可次第革矣。」又奏：「人君之患莫大於好人從己，若大臣惟一人之從，群臣惟大臣之從，則天下事可憂。」時諸將恃功希恩，所請多廢法，公隨事論列，至於四五，諸將肅然。鄭億年與秦檜有連，遂得美官，邊報至，從官會都堂，公謂億年曰：「公以百口保金人，今已背約，有何面目在朝廷乎？」因顯疏其惡，億年奉祠去。復奏起舊相之有德望者，處以近藩。秦檜聞之曰：「置我何地？」改工部尚書，以王次翁代其任。次翁劾公薦劉昉、陳淵，與爲朋比，以徽猷閣直學士提舉亳州明道宫，明年致仕。

著《詩經註解》、《性理小學集註》，學者稱古溪先生。子四人：遲、過、遂、遽，皆秉麾節，邦人號爲萬石廖氏。

王公德修，南劍人。尹和靖門人。朱子嘗與書云：「某於和靖先生既不得親受音旨，而其高第弟子如老丈者又未得見。」其仰慕如此。

何公兑，字太和，邵武人。由宣和進士調廣東提刑檢法官，東平馬伸撫諭廣南，見而賢之，奏爲屬。伸本程門高弟，因以所得於程者以授公。既而坐論時事貶死，公欲力辯其功，乃子輒止之，因爲伸作《行狀》，歸守其學不變。紹興中，通判辰州，聞秦檜自陳靖康反正之功，公曉起掛伸遺像哭之，將上其事，其子曰：「待檜死未晚也。」公曰：「不然，萬一我先死，瞑目有餘恨矣。」手書達尚書省，言伸爲侍御史時，移書僞楚，斥使避位，大節凛然。復以所作《行狀》進，秦檜怒下公獄，詔削官貶竄。

檜死復職，歸至里門，親友相見，喜馬伸得白，一笑病廢，踰年卒。

公天資重厚，勇於爲義，臨事奮不顧身，居常稱曰：「志士不忘在溝壑，勇士不忘喪其元。今日何時，溝壑是吾死所也。」性喜《中庸》，踐習不懈，鄉人稱中庸何公。著《易傳》。子鎬。

鎬，字叔京。毅然任道，一意操存，與朱子友善。辯論精密，嘗言耳目之官即心之官，仁義者道之全體。持志則心自正，心正則義自明。先存其心，然後能視聽言動以禮。必先盡心知性，識其本根，然後到持養之功。朱子嘆稱之，嘗與書曰：「執事家學淵源之正，而才資敏鋭，絶出等夷，其深造默識，固有超然，非誦説見聞之所及也。而其口講心潛，躬行力踐，已非一日之積。詞旨奥博，反復通貫，三復竦然，有以仰見其所存之妙。」以父恩補安溪簿，未赴。江西帥府辟掌機宜文字，再調上杭丞，治尚寬仁，白罷無名征賦。部使者鄭伯熊患郡事不理，繫者或至累百，乃檄公佐治。公披閲文書，白守決遣，旬日悉盡。後因論均賦，與守不合，謝歸。築書堂於所居之南坂，名曰高遠，用示標的。調潭州善化令，將行，卒。朱子哭之甚哀，爲文以祭者再，而銘其墓，謂其「清夷恬曠，廉直惠和」云。著《易説》、《論語説》，朱子皆曰可傳。又有《史斷》及《臺溪集》數十卷。稱臺溪先生。

李先生名侗，字愿中，劍浦人。少豪勇，常夜醉，馳馬數里。既冠，游鄉校，有聲。已而聞羅仲素得程、楊之學，遂棄塲屋，往師事焉。授以《春秋》、《中庸》、《語》、《孟》之説，從容潛玩，有會於心。遂屏居山田，結廬水竹間，危坐終日，以驗夫喜怒哀樂未發前氣象，而求所謂中者。其於天下之理，該攝洞貫，以次融釋，各有條緒，由是操存益固，涵養益熟，觸處洞然，發必中節。事父兄至誠至敬，閨門内若無人聲，而衆事自理。平居恂恂，無所可否，及酬應事變，斷以義理，有截然不可犯者。生事素薄，而處之有道，凡親故鄉里貧不能婚嫁者，節衣食以賑助之。長者事之盡禮，少者、賤者接之盡道。其答問後學，晝夜不倦，至推闢異端，則實知其詖淫邪遁之所以然，而辯之於錙銖毫忽之間。其論治道必以明天理、正人心、崇節義、勵廉耻爲先，本末具備，可舉而行。嘗謂學者曰：「學問不在多言，但默坐澄心，體認天理，則雖一毫私欲之發，亦自退聽。」又曰：「學者之病，在於未有洒然冰解凍釋處，縱有力持守，不過免顯然悔尤而已。若此者恐未足道也。」其語《中庸》則曰：「聖賢之所以開悟後學者，無遺策矣。而所謂喜怒哀樂之未發謂之中者，又一篇之要指也。必也，體之於身，實見是理，如顏子之嘆，卓然見爲一物，而不違乎心目之間，然後擴充而往，無所不通。」語《春秋》則曰：「《春秋》一事各是發明一例，如觀水徙步，而形勢不同，不可拘以一法。」嘗以黄魯直所稱周濂溪「胸中灑落如光風霽月」爲善形容有道氣象，學者存此於胸中，庶幾遇事廓然，而義理少進。又云：「講學切在深潛縝密，然後氣味深長，蹊徑不差，若概以理一而不察乎其分之殊，此學者所以流於疑似亂真之説而不知也。」沙縣鄧迪謂先生如冰壺秋月，瑩徹無瑕。朱子承父命，常往師焉，謂其資禀勁特，氣節豪邁，充養完粹，無復圭角，語默動静，自然之中，若有成法。其德純道備，學術通明，既不求知於世，亦未嘗輕以語人，蓋庶幾乎遁世不見知而不悔者。

年七十有一，卒，謚文靖，稱延平先生。生平不著書，不作文，所傳有《延平問答》及語録行世。萬曆四十三年從祀孔廟，皇朝康熙四十五年，從學臣沈涵之請，賜御書「静中氣象」四大字扁于祠。

朱公震，字子發，邵武人。學有源委，常參謁謝顯道而友胡康侯。登政和進士，歷仕州縣，以廉稱。高宗用趙鼎薦，召至，問《易》、《春秋》之旨，擢秘書少監，兼侍經筵，又兼翊善。高宗曰：「天生朱震，爲今日資善得人。」終翰林學士，丐祠，卒。著《漢上易》、《易集傳》、《易總記》。

游公烈，字晉老，邵武人。素以孝節稱，受業胡安定之門，郡人知經學自公始。登皇祐元年進士，官至職方員外郎。

盧公奎，字公圭，邵武人。登政和間進士，官至江西運判。常作《毋我論》，爲衆所推，號盧毋我。其學多得於楊龜山，晚寓黔中。著《筆録》十卷。

劉公子翬，字彦冲，崇安人。祖民先，字聖任，奉母至孝。父韐，字仲遠，資政殿學士。嘗奉使入金，金人欲立之，酌酒自縊。伯兄子羽，字彦修，爲待制，進爵子。慷慨厲節，不附秦檜，朱子稱爲人傑。仲兄子翼，字彦禮，精敏力學，深惡浮屠，戒子弟勿觀其書。靖康間，承父命入奏事，欽宗見其進止閒雅，除江西轉運使司，歷知建州、信州，所至不擾，甚得民心。公以父蔭補承務郎，通判興化軍，畫計備衛，賊不敢犯。年方三十，以痛憤父没，哀毀致疾，不堪吏責，遂丐閒局，主管沖祐觀以歸。自號病翁，世居屏山，有園林水石之勝，危坐竟日，有所得則筆之於書。數日輒走父墓涕咽，或累日乃返。處兄弟怡怡然。與胡籍溪、劉白水爲道義交，講學外無雜語，深於《易》。家有二齋，東齋名復，西齋名蒙。朱子承父命師事之，問以入道次第，曰：「吾於《易》得入德之門焉，所謂『不遠復』者，吾之三字符也。」妻死不再娶，以兄子翼幼子珙爲後。年四十七，得微疾，即入謁家廟，泣别母夫人，作書遍訣友人。召珙付以家事，示葬處，告學者以修身求道之要，作《訓誡》數百言。彈琴賦詩，澹如平日，居兩日没。學者稱屏山先生，謚文靖。有文集二十卷。珙位至觀文殿學士，以忠孝聞，無子，以學裘、學雅爲後。學裘守撫州，刻《規約》於學，以示學者，時一至，爲解説義理。移守邕州，有惠政，終朝散大夫。學雅，南雄通判。

吴公栻，字公發，甌寧人。登熙寧進士第，徽宗朝爲開封府推官。高麗自元豐後久不修貢，公以給事中往諭德意。累官至龍圖閣直學士，再鎮成都，陛辭，上曰：「卿清謹循良，故委以重地。」後知鄆州，卒。著有《論語十説》。

黄公偉，字維之，後即字爲名，更號杈張，永春人。弱冠，同兄巽之入太學，歷試占首，與黄槐同時，人稱二黄。紹興二十七年，登進士，歷官國子監簿，進所撰《太祖政要論》。愛名器，勵廉耻，因及銓試冒名、代筆等弊，自是有覆試、任子之令。時議欲立武賢良科，公不可，遂寢。除大理寺丞，少卿欲奏獄空，公以所隸有獄，不敢書名，少卿竟削其名以奏。公白執政，有官守者不得其職則去，求外補。差知邵武軍，陛辭對，論選用大臣當如王素對仁宗言：「宦官、宫妾不識名者可入選。」又論《乾道新書》不宜删減，内侍不得干預朝政。孝宗稱善，翌日出劄子，復舊法。後歷官江西提學，公爲小官，耻於求舉，及更麾節，所薦引多寒士，其挾貴而來者，皆不舉也。敭歷中外，直道而行，居閒十年，手不釋卷。嘗與朱子論學，後進皆以鄉先生事之，自號竹坡居士。年七十九，卒。臨卒，猶與諸子講論至夜分。

陳公知柔，字體仁，永春人。紹興十二年進士第四人，與秦檜子熺同榜。授台州判官，辯釋冤盜四十餘人。教授建、漳二州，歷知循州、賀州。時同榜前列藉檜之力，俱致通顯，公獨齟齬，無仕進意。自號休齋居士，雅好山水，遍游浙、廣諸名山，諸生從者户屨常滿。寓僧房，四壁蕭然，作賦讀經，忘其貧老。著《易本旨》、《易大傳》、《易圖》、《春秋義例》、《古學圖》、《詩聲譜》、《論語後傳》、《詩話》、《梅青傳》、《詩騷古賦》、雜著行世。王十朋贈詩略云：「大陳如金玉，一室清無塵。胸中包今古，筆下真有神。講席延諸生，黄卷呵古人。異端斥佛、老，吾道鳴孟、荀。」其卒也，朱子祭以文，曰：「某少游宦，獲從公游泉、漳間，蒙公誘掖良厚，後别去，幾三十年。去歲冬復見，握手如平生歡。及某之還，載酒餞洛陽，慘袂分攜，潸然不樂。未兩月，公訃遽來，嗚呼痛哉！公於諸臣皆有論述，許以寄我，相與考評，而今而後，不復遂此願矣。緘詞千里，寄此一奠，尚惟精爽，聽我此言。」

高公曇，字子雲，福寧州人。紹興三十年進士，爲大學博士，疏言訓練士卒，久任帥守，孝宗稱其老成歷練。遷秘書省著作郎，兼王府教授。再對便殿，悉當上意，御批其札，送中書。既退趨出，目送之。光宗在儲宫，以宫僚入宴，恩意浹洽，手書「容齋」二字以賜。容齋，公號也。嘗修《乾道會要》，轉朝散郎。有《易説》及詩文二十卷。

吴公大成，漳浦人。紹興間，秦檜柄國，隱漸山石榴洞，講明正學，與丞相陳俊卿、三山林擇之聚歡賦詩。乾道中，奉檄湖湘，往還京浙。著有《梅月詩卷》、《筆義》、《經疑傳稿》。

余公復，字子叔，寧德人。少從張翰學，精於《周官》。紹興元年，對策大廷，光宗稱其直而不訐，拔置第一，賜之詩。寧宗即位，詔入史館，兼實録檢討。歸擇邑南佳勝，辟園搆軒，觴咏其間。著《禮記類説》、《左氏纂類》。

王公士奇，字求叔，福安人。弟知章爲逵州教授，公舉進士，適聞其訃，遂不赴廷對，往蜀護喪。後就試，當得官，以母老丐祠。當國者高其行，以堂除，凡二十三考方任莆田法曹。真西山語當路曰：「王君文行俱美，當於古人中求之。」後以奉議郎賜緋致仕，優游田里，手不釋卷，多所著述。年八十四，卒。有《諸經釋疑》。

吴公楫，字公濟，崇安人。幼自雄其才，謂功名可立取。紹興末，試鄉省不第，遂主盟林壑，絶心仕進。與朱子、吴郁研窮理學，嘗言逐日應接事物之中，須得一時寧静以養精神，要使事愈繁而心愈暇，彼不足而我有餘。朱子遣子師事之。晚年以特恩補官，調桂林簿。

王公悦，字習之，莆田人。紹興間進士，調漳溪尉。嘗佐浙西憲幕，有負鹽繫獄者，歲久莫剖，公決以非辜，縱之。守懼不敢，公請獨任其咎。官終南外睦宗院教授。著《春秋解》、《五經贊疑》。

程公伯棨，字良弼，古田人，與王龜齡、沈有開、傅子淵皆友於朱子。《閩書》以良弼爲名，伯棨爲字。

鄭公樵，字漁仲，興化人。父國器，太學生，嘗鬻己田築蘇洋，人食其德。没於姑蘇。公年十六，徒步歸葬，結廬越王山下。從兄厚，學問該博，公與講學，從游者甚衆。既而卜築夾漈，又出游名山大川，搜奇訪古。遇藏書家必留借讀，夜則仰觀星象，寒暑寢食爲之都忘。紹興間上書，乞留心聖學，篤志斯文，用儒臣典司東觀。内外之藏，始有條理，百代之典，燦然可觀。繕寫所著書十八部百四十卷以進，詔藏秘府。二十七年，以薦應召，奏言：「臣處山林三十餘年，修書五十種，皆已就。尚欲取歷代之籍，始三皇，卒五季，彙輯爲一，名曰《通志》。體參馬遷，法則稍異，謹摭上要覽十二篇，名曰《修史大例》。」帝曰：「聞卿久矣，何相見晚。」授右迪功郎，禮、兵部架閣，爲御史葉義問所劾，乞還山，改監南嶽。還家論著，閱四年，《通志》就。詣闕請上，會高宗幸建康，命爲樞密院編修官，尋兼攝簡詳諸房文字。及駕歸，繳進《通志》而公卒，時年五十九矣。生平枯淡好施，居鄉累歲不一詣守令，筆札雖詔從官給，未嘗取也。北人犯邊，公言歲星在宋，彼將自斃，後果然。學者稱夾漈先生。

蘇公總龜，德化人。紹興三十二年，試中上舍優等第一。孝宗即位，恩賜釋褐登第，授衡州教授，累遷參淮東議幕。著有《論語解》、《大學儒行編》、詩文、雜著。

李公則，字康成，龍溪人。少孤力學，試太學，不得志，浩然東歸。教授生徒至百餘人，如楊公汝南、李公恂輩皆其門下。累薦鄉書前列，紹興十二年以特科授桂嶺簿，攝富川令，調德化令，所至皆有惠政。轉通直郎，致仕。公學兼得之蘇、程二家，其教人必以仁義爲本，自號益壯翁。

吴公獬，字清臣，龍溪人。兩請鄉舉，有聲。又請漕舉及同文館舉，與陳公知柔、林公光朝友善。陳公稱其古心古貌，古文古學。三山林子晦亦嘆其爲天下奇才。學者號省齋先生，著述甚富，有《省齋集》行世。

陳公兢，字戒叔，龍溪人。宣和間以特科調貴州法曹，當路交薦。後又登紹興三十年進士，初尉長汀，再授恩平、新興二州教授，終龍南令。著有《周禮解》及雜文數卷。

王公文獻，晉江人。紹興間上所著《孝經詳解》一卷，詔藏秘府。

宋公藻，字去華，莆田人。紹興初，試禮部。尋進《中興十君論》，高宗稱善，以布衣召見。授廬陵尉，指畫敵人形勢，擢知江陰軍。孝宗立，除提舉浙東常平茶鹽事，察猾胥六百餘人，罷之。奉旨賑恤永嘉，發粟，寬租，蠲税。坐彈劾温州守臣，爲權貴所擠，力丐休致。卒，贈大中大夫。著《群經滯穗》。

余公崇龜，字景望，仙遊人。登淳熙間進士，歷官司農丞，賜對便殿。時韓侂胄欲邀一見，處以要津，公不從。力乞補外，知江州。侂胄罷，即日除監察御史。入奏，請慎名器，上嘉納之。除兵部侍郎，兼權給事中。著《詩經講義》。

林公宗臣，字實夫，龍溪人。受業高東溪之門，登乾道二年進士，歷官主簿。見陳北溪趨向不凡，心異之，謂曰：「子所習者，科舉耳，聖賢大業則不在是。」因授以朱子所編《近思録》。陳卒爲儒宗，實公啓之也。

趙公師虙。本宋宗臣，世居臨漳。朱子守漳，首薦之，其詞曰：「履行深醇，持心明恕。」

陳公研，晉江人。乾道二年進士，官臨汀。上疏，乞弛鹽禁，從之。權貴欲引爲御史，先令其排擊故相，公曰：「公義不可犯。」善經學，《詩》、《書》、《易》、《禮》皆有解。

袁公樞，字機仲，建安人。試禮部詞賦第一。乾道初，以興化軍教授充禮部試官，除太學録。有自閤門以節鉞簽樞密者，公與同僚共論之，上雖容納而色不怡。著《易傳解義辨異》、《童子問》、《通鑑紀事本末》。

莊公夏，永春人。家貧少孤，從兄晦學。登淳熙八年進士，歷知興國縣。慶元間大旱，應詔，極言威福下移，乃陰盛陽衰之象，宜體陽剛之德。召爲太常博士，遷國子博士，陳邊釁不可妄開，議者難之。又言今日之患莫大於兵冗，忤柄國者意，遂乞歸。自號藻齋老人，著《禮記解》。

陳公震，晉江人。淳熙間進士，爲新建令，以帑積舊券，代下户輸租。歷知紹州，攝憲節，卻臺府例券數千緡。再歷太府丞，奏減二廣丁錢。奉祀歸里。著《春秋解》、《史編》、雜著數十卷。

余公允文，字隱之，建安人。以孟子亞聖，自司馬君實作《疑孟》，其後李覯、鄭原著《常語》及《藝圃折衷》，皆肆詆毀，乃作《尊孟辨》三十餘條闢之。

黄公宙，字由仲，晉江人。乾道五年進士，居鄉教授，從游多名士。有《論》、《孟》解、詩文、雜著。

鄭公耕老，字穀叔，莆田人。父安正，少負才學，一時名士多從之。公登進士，除懷安主簿。母喪服闋，調明州教授。州當焚蕩之餘，教弛學荒，公經營區序，興起斯文。召見，引太祖問趙普天下何物最大，普對道最大，知道理最大，則必不以私意失公中。孝宗悦，擢國子簿，添差福建安撫司機宜文字。秩滿，歸南陂。著《詩》、《易》、《洪範》、《中庸》、《語》、《孟》訓釋。

陳公舜申，字宋模，連江人。淳熙間登進士第，歷官知漳浦縣，有惠政。入爲著作郎，轉對，切直稱旨。會有忌者，出管武彝沖祐觀。起參議淮閫，未赴，卒。著《易鑑》、《四書解》、《渾灝發旨》、《審是集》、《兵書訂解》、《南唐餘事》、《高齋文集》。子德一。

德一，紹熙中進士，官終朝請郎，知宜州。卒之日，囊無餘貲。所著有《易傳發微》、《横州文集》、《諸子總解》數百卷。兄弟四人，二爲州牧，二爲縣令。累世同爨，推德門云。

陳公德豫，字子順，連江人。好學通博，登淳熙十四年進士。調建州户曹，試教官首選，分教宣城。時禁程氏學，遺文皆令焚毁，公取郡學所藏，護持惟謹。改京教，累遷諸軍糧料院。歲旱求言，公上封事，以諱天變、諱人言爲致旱之由，乞去二諱以回天意，光宗嘉納。歷武學、太學、宗學博士，抗疏論事，議者以爲識時務。累遷著作郎，會外國僧人入覲，錫予甚豐，乃歷陳梁武之失。即日有旨，出僧人於國門之外。終大理卿。著有《訥齋稿》。

林公光朝，字謙之，莆田人。有聲塲屋，再舉禮部不第，不復以得失爲意。聞吴中陸子正學出尹和靖，遂往從之。專心踐履，不爲訓詁，四方來學，無慮數百，稱南夫子。歸莆，設講於東井紅泉，閩之洛學，公其宗也。然惟口授，未嘗著書，曰：「道之全體存乎太虚，六經既發明之，後世註解固已支離。若復增加，道愈遠矣。」又曰：「日用是根株，言語文字是注脚，學者須求之日用，求之不已，則察乎天地。」隆興元年，以進士及第授袁州司户參軍。乾道三年，龍大淵、曾覿以潛邸恩倖進，公與劉朔以名儒薦對，頗及二人罪，由是改知永福縣。而大臣論薦不已，召試舘職，爲秘書省正字。歷著作郎，進國子司業，兼太子侍讀。九年，張説再除簽書樞密院，公不往賀，遂出爲廣西提點刑獄。淳熙元年，移廣東，以擊殺茶寇功名拜國子祭酒。四年，孝宗幸國子監，命講《中庸》，大稱善，面賜金紫，除中書舍人。時吏部郎謝廓然以曾覿薦賜同進士出身，除殿中侍御。命從中出，孝宗度公必不奉詔，改權工部侍郎。請外，遂以集英殿修撰出知婺州，引疾提舉興國宫。卒，年六十五，謚文節，稱艾軒先生。

公明經博古，通練世務，道尊德盛，爲時取式。無田宅以遺妻子，獨富於書，至死不釋卷。其爲文精深簡古，上參經訓，下視騷詞，有他人數百言不能道者，直用數語，雍容而有餘。故其高處逼《檀弓》、《穀梁》，平處猶與韓並驅。朱子於當世之學，間有異同，獨於公有稱重焉，嘗曰：「某少年過莆，見林謙之、林次雲談道，極得精神，爲之踴躍鼓動。後來再過，則二公已死，更無一人能繼矣。」晚年著《易論》、《詩書語録》、《中庸解》並奏劄等集，林希逸、陳師復、劉後村各爲之序。姪成季。

成季，字井伯。有學行。從朱子游，朱子深器重之，所與筆札甚多。趙忠定禮爲上客，每事必咨。仕興國軍判官。

黄公補，字季全，莆田人。父端，歷惠州教授，公隨之。永嘉陳鵬飛謫惠州，公師友焉。其學用心於内，視富貴利達蔑如也。教授於鄉，及門者數百人。時林謙之講學城南，而公在城東，並爲學者宗尚。登乾道八年特科，授高州文學，調高要尉。著《九經解》、《論語人物志》。

蔣公雝，字元肅，仙遊人。援筆數千言，與林謙之輩十人稱莆陽十先生。又稱南夫子，教授泉州。常撰《時政十議》，王十朋見而嘆曰：「經世之文也。」著有《樸齋文藁》。

楊公興宗，字似之，長溪人。祖惇禮，字穆仲，以監察御史致仕，許在家言事。時稱有田不買，有官不做，有子不蔭，謂之三奇。公少師事鄭夾漈，後執經林謙之之門。登紹興三十年進士，調鉛山簿。孝宗登極，上封事，末陳以守爲攻之策。時相主和議，使人要曰：「若登對，無立異，當以美職相處。」卻之，累書抵東府力争，孝宗嘉其志，除武學博士，既而召充館職。條對切中時弊，歷遷校書郎，與林謙之同校文省殿。擢鄭僑、蔡幼學、陳傅良，時稱得人。修《四朝會要》，歷遷司勳郎。論張説不當與趙汝愚同拜，不報。又駁楊和、王存中封爵太優，忤時相虞允文，出守處州。大有政聲，除知温州，改嚴州，終湖廣提舉。著有《自觀文集》。從弟楫。

楫，字通老。從朱子遊，稱其誠實可敬。登淳熙戊戌進士，調莆田尉。閩帥程叔達移縣括逃田，公歷疏不便。帥大怒，公徐對無所屈，罷去。漕使林祈曰：「尉敢格帥，大是奇事。」薦之。累官司農寺簿。劄論進君子，退小人，奬廉靖之操，絶奔競之風。除國子博士，轉少卿，臺臣或干以私，答曰：「臺省紀綱，學者規矩，當各守職，無相侵越。」尋出知安慶，移湖南提刑、江西運判，終朝散郎。著奏議、《悦堂集》。

劉公夙，字賓之，莆田人。師事林謙之，得其傳。紹興二十一年登第，召吉州司户參軍，添差建州教授，改臨安。以弟朔爲温州司户，迎母就養，因乞與温州教授莫沖兩易，以便親，從之。作養人材，多所成就。孝宗即位，召除樞密院編修，以親老求去。無何，兼國史院編修，力辭不就，除著作佐郎。輪對，首論馳射、近侍、備淮三事。又以浙江水奉詔陳得失，言：「陛下與曾覿、龍大淵輩觴詠倡酬，字而不名，罷宰相，易大將，待其言乃決。嚴法守，裁僥倖，當自宫掖近侍始。」所請凡六事。丐外，除荆湖北路安撫司參議。乾道元年，以親老丐祠，主台州崇道觀。三年，差知衢州，訟平政簡，奏舒民力，罷貢獻，辨君子小人。會曾覿副賀金正旦道衢入謁，公弗納，徙温州。明年，引疾歸。又明年，卒。是歲王龜齡、芮某皆先公卒，吕東萊悼以詩云：「諸老收身盡，佳城又到公。蒼天那可問，吾道竟成窮。旌捲莆田雨，簫横霅水風。今年襟上淚，三泣萬夫雄。」謙之亦云：「賓之愛君均於愛親，憂國過於憂身。古有遺直，今難其人。」其爲一時名賢所推重如此。著《春秋解》。弟朔。子彌正，吏部侍郎，定朱子謚曰文。林伺之建臨川三賢祠，以祀黄勉齋、文丞相，彌正與焉。次彌邵。

朔，字復之。紹興三十年試禮部第一，廷試甲科，調温州司户參軍。孝宗初立，與林謙之同召，對曰：「陛下何不延納憤激敢言之士，而聽訐直難堪之言。」因以自考察成敗得失，且及曾覿、龍大淵罪狀。改宣議郎，知福清縣。虞允文贊孝宗恢復，士多嚮之，朔極諫，以爲宜選兵將，廣儲峙，責成於端重堪事者，從容以待其變，不可憑虚蹈空，過爲指料，決天下於一擲。孝宗竦然。除秘書省正字，以疾丐外，除福建安撫司參議。與兄賓之皆爲時望所推，學者輻輳其門。兄性挺特，不以色假人，公則濟以和易，至輕禄位而重出處，厚名義而薄勢利，盡言於朝，盡心於官，飭廉隅，公是非，殆不相讓云。著《春秋紀年》。

彌邵，字壽翁。素性狷介，蚤孤，遺書數厨，晨夕抄纂考論，斷制義理，一以洙、泗、濂、洛爲宗。嘗質經於陳公宓，評史於鄭公寅，問《易》於蔡公淵，郡守楊棟創尊德堂於學宫以處之。及棟提點福建獄，復論薦於朝，未報。卒，年八十二。公生平爲學，專務實踐，自幼至老，確然不移。著有《易稿》、《漢考》、《讀書日記》，學者稱習静先生。

林公亦之，字學可，福清人。盛年挾策遊四方，卒不契。去之紅泉，謁林謙之，師事三十餘年，遂爲高第。謙之卒，莆人推公嗣講席，户外履幾半於師。或勸其著書，公吟詩答之曰：「講學紅泉不著書，只將心學授生徒。」趙公汝愚帥閩，辟入東井書堂，待以賓友之禮，上其學業於朝。命未下，卒。學者稱綱山先生，又稱月魚先生。景定間，林希逸追舉其賢，贈迪功郎，賜謚文介。子簡，字綺伯，莆中劉克莊少師之。

林公肅，字恭之，仙遊人。少有文名，從林謙之學。淳熙間試教官科首選，調臨安府教授。有同學卓先者，字進之，言論引古人，與人寡合。

黄公㑳，字季野，莆田人。少從林謙之學，志行高古，同遊士自劉賓之、劉復之、林學可而下，皆推讓焉。

陳公士楚，字英仲，莆田人。從林謙之學，登乾道壬辰進士。調臨江户曹，攝新喻縣，政教大行，改調候官。以丞相周必大薦入對，孝宗獎其誠實。紹熙初，除宗正丞，兼嘉王府直講。一日，百官趨朝，大雪，丞相索表稱賀，援筆立就。青宫開經筵，講《無逸篇》，其解「稼穡艱難」曰：「百穀麗於土，荄萌既敷方有實；三農力於田，莠草既除方有秩。」以諷小人妨君子之意。壽皇稱其議論精詳，理致深奥，得師儒之道，賜金樽、玉甌、金錢。歷軍器少監，提舉江南東路。歲儉民饑，不憚巡訪，荒政最良。歷除侍講，卒。

陳公縝，字德容，一字師文，羅源人。淳質有守，毅然任道，少慕伊、洛、考亭之學。屢試禮部，對策獨以正心誠意爲説，俱見黜。後對時務策，擢第，及廷試，復如初，始終發明伊、洛、考亭之旨。孝宗擢特奏第一，賜同進士出身，時淳熙八年也。子孫猶守家學。

鄭公公敏，字明之，龍溪人。幼孤，與兄公顯，字隱之，苦學篤志，時號二鄭。公顯登乾道丙戌科，歷官朝奉大夫，有《獻時事十論》。公登乾道己酉第，歷福清簿，有政聲。以薦調古田教官，廣學宫，新祭器，建講道堂，闢射圃，日與諸生講明理學。嘗以文謁憲使楊萬里，大奇之。兄弟俱以理學見重於時，各著文集、語録傳世。

余公嚞，❶字若蒙，龍溪人。登淳熙十一年進士，任惠、潯二州教授。進《聖域記》，特授浙西倉幹，復進《皇朝職官志》、《高宗政範》。差監樞密院激賞庫，進《資時十論》。伏闕上書，論韓侂胄。又上書力沮和議，復爲《古鑑録》以進。又上書論邊事，進《天文類例》、《括象志》。改通直郎，主管嶽祠。所著《周禮解》、《禹貢考》、《春秋地例增釋》、《紀年録》、《雜論》、《五音姓譜》，裒前後上書曰《代庖集》、《骨鯁集》。

高公禾，字穎叔，晉江人。淳熙八年進士，知仙遊縣。省泛科，築下頓橋。知惠州，創楊梅、大奚二寨，以防寇盗，歷遷兵部郎官。陳復齋誌墓，謂其學問「月開日益，卓然蚤茂」。

黄公涣，字德亨，光澤人。嘗從吕東萊學，淳熙間南省第一人。後守岳州，罷厨傳，蠲魚税，捕淫巫，治績甚著。

---

❶「嚞」，原作「嘉」，今據同治本改。

林公希逸，字肅翁，號鬳齋，福清人。師事陳公藻，藻之學出於林學可，學可出於林謙之，授受有源。登端平乙未進士，爲平海軍推官，以清白稱。遷秘書省正字，入對，乞信任給諫，又乞早決大計，以慰人望，理宗皆開納。歷知興化軍，首詔學者云：「自南渡後，洛學中微，朱、張未起，以經行倡東南，使知聖賢心不在訓詁，皆自莆南夫子始。初疑漢儒不達性命，洛學不好文辭，使知性與天道不在文章外者，自福清兩夫子始。」因立三先生祠，并鋟其文以傳。南夫子者，謙之也。兩夫子者，學可、藻也。景定四年，舉亦之及藻爲有道之士。又林公遇，幼承父澤，奉親不仕，並乞褒崇。詔樹表書謚，並祀學宮。歷司農少卿，終中書舍人。著《易講》、《春秋正附篇》、《考工記解》、《竹溪》十一篇。

王公遇，字子合，龍溪人。父羽儀，徽州通判，博學能文。公受業張南軒、吕東萊之門，而與廖子晦、黄勉齋、陳安卿友善。登乾道八年進士，歷官蘄州教授，日與諸生講説，漏二十刻，猶徘徊學宫。以趙汝愚薦知長樂縣，撙節浮費，大修水利。轉贛州通判。薦章交上，而侂胄當國，公不少貶求合。侂胄敗，召爲太學博士，除王宫教授。適毗陵大旱，命爲之守。力講荒政，民沾實惠。浙東大饑，詔提舉浙東常平。入對，請齋戒以飭躬，剛大以進德，急聞直言以救闕失，樂從公議以扶正道，斷絶斜封墨勅之原，常存視民如傷之念。至官，留心賑濟，如在毗陵。除大宗正，遷右曹郎中。嘉定四年，校策殿廬事畢，❶卒。公居官，所至介然，

❶「事畢」，原作「畢事」，今據《閩中理學淵源考》乙。

招之不來，撼之不動。黄勉齋稱其學識之精，義利之明，拔出流俗之表。學者稱東湖先生。著《論》《孟》講義、《兩漢博義》。子仲訥，蔭官羅源令。

邵公景之，字秀山，古田人。從父整，著《春秋元經》，以家學相友。公早負文才，事繼母至孝。登乾道壬辰進士，攝教建寧。受業胡籍溪之門，歷官莆田令，教授常百餘人。著《玉坡集》。

歐陽公光祖，字慶祠，崇安人。九歲能文，人稱童瑞。從劉屏山、朱子講學，屏山甚稱重之，朱子亦遣三子師事焉。乾道八年，再舉登第，不赴。趙公汝愚及張敬夫列薦於朝，方欲召用，而趙公去國，後爲江西運幹，致仕。卜築松坡之上，湛然終老。

楊公炳，晉江人。祖世永爲端溪尉，遇賊戰死，真西山表其墓曰「義烈」。公少力學，精《左氏春秋》。淳熙二年第進士，薦爲國子監録。累遷左司諫，乞撙節宫中浮費。嘗曰：「大臣不爲私，則小臣不敢干以私，臺諫不爲私，而後可責人之私。」累遷權吏部尚書，時邊釁寢開，與鄧友龍異議，遂丐外。開禧間，除寶謨閣直學士，奉祠，卒。著有《易説》、《禮記解》、《西掖類稿》、《諫垣存稿》。號傪溪居士。

游公九言，字誠之，初名九思，建陽人。父旹，湖南安撫參議。公開爽慷慨，方十歲，即能爲文詆秦檜。

及長，銳志當世，熟南北事。初筮古田尉，入監文思院。被旨，視行在諸邑災傷，白都堂放苗八分以上。孝廟攢宮，有司妄費希賞，公上言極諫。學禁方嚴，公記上元縣明道祠，痛譏之。歷官知光化軍，充荆鄂宣撫參謀，卒。特贈直龍圖閣，謚文靖。公始受業張南軒，南軒教以求放心，久之有得。嘗序《太極圖》曰：「周子以無極加太極，何也？方其寂然無思，萬善未發，是無極也。雖云未發，而此心昭然，靈源不昧，是太極也。欲知太極，先識吾心。」讀者稱之。號默齋先生。弟九功，字勉之，刑部侍郎，加寶直學士，清慎廉恪。兄弟自爲師友，講明理學。生平真體實踐，出於誠意，號受齋先生，謚文清。

陳公紹叔，字克甫，莆田人。終日危坐一室，俯讀仰思。嘗爲學者講論璣衡，遂揉木爲儀象以示之，既而鑄銅，倣古制。又别制器象天體，虛其中而髹之，上刻周天度數而以鈿螺填之，揭南北二極。凡天河星宿，皆列其名，使夜視之，與天象合，圍四尺五寸有奇，名曰小天。至於《河圖》、《洛書》、《太極》、《通書》，律曆制度，靡不研究。有外集百餘卷，題曰《浮丘集》。稱浮丘先生。

道南源委卷之三

儀封張伯行孝先甫重訂

受業

宋

朱子諱熹，字元晦，一字仲晦，其先世婺源人。父韋齋先生，諱松，字喬年。政和中爲政和尉，迎父諱森就養官邸，及其卒也，貧不能歸喪，因葬於其邑。服除，調尤溪尉，生先生於溪南寓舍。歷官吏部員外郎，以不主和議觸怒秦檜，出知饒州。未赴，奉祠。自初筮入閩，游宦往來，從羅豫章、蕭子莊學，晚寓建州城南。先生生而穎異，甫能言，韋齋先生指天示之，先生問曰：「天之上何物？」韋齋先生異之。五歲授以《孝經》，一閲封之，題其上曰：「不若是，非人也。」與群兒戲，獨至沙上默坐端視，以指畫沙，視之，則八卦也。年十八，貢於鄉，登紹興十八年進士。除同安主簿，兼學士，選秀民充弟子員，日與講論聖賢修己治人之道。罷歸，請祠，監潭州南嶽廟。明年，召赴行在，有托抑奔競以沮之者，❶遂以疾辭。孝宗即位，詔求直言，因

❶「沮」，原作「阻」，今據《勉齋集》改。

上封事，其略首言：「聖躬雖未有闕失，帝王之學不可以不熟講，朝政雖未有闕遺，而修攘之計不可以不蚤定，利害休戚雖不可以偏舉，然本原之地不可不加之意。帝王之學必先格物致知，以極夫事物之變，使義理所存，纖悉畢照，則自然意誠心正，而可以應天下之務。」次言：「今日之計不過修政事，攘寇敵，然計不時定者，講和之説誤之也。今敵與我有不共戴天之仇，則不可和之義明矣。」次言：「四海利病係斯民之休戚，斯民休戚係守令之賢否。監司者，守令之綱，朝廷者，監司之本，欲斯民之得所，本原之地在朝廷而已。」隆興元年，復召。辭，不許，即入對。三劄所陳，不出封事之意，而言更剴切。以爲制治之原莫急於講學，經世之務莫大於復仇，至於德業之成敗，則決於君子小人之用舍。時湯思退立主和議，不悦其言，除武學博士。待次，不就。

乾道元年，請監南嶽廟。往長沙訪張南軒，遂偕登衡嶽。以陳俊卿、劉珙薦爲樞密院編修官，待次。四年，崇安饑，貸粟於府以賑之。五年，丁内艱。六年，復召，以未終喪辭。七年，免喪，復召，以禄不及養辭。九年，梁克家相申前命，又辭。孝宗曰：「熹安貧守道，廉退可嘉，特改合入官，主管台州崇道觀。」先生曰：「是以退爲進也。」又力辭。淳熙元年，力辭不允，始拜命。用行丞相事龔茂良薦，除秘書郎，管武夷山沖祐觀。五年，除知南康軍，四辭不許，乃之任。懇惻愛民，興利除害。歲旱，講求荒政，多所全活。訖事，奏乞依格推賞納粟人。時詣郡學，引進士子而誘誨之。奏復白鹿洞遺址，爲學規俾守之，每休沐，輒一至，諸生質疑問難，訓迪不倦。退則徜徉泉石間，竟日乃返。立周濂溪祠，以二程子配。别立五賢堂，表陶靖節之居、劉屯田之墓、孝子熊仁瞻之閭。明年，大旱，應詔，疏言：「天下之務莫大於恤民，恤民之本又在人君正心術以立紀綱。」孝宗不悦。以疾請祠者五，不報。除江西提舉常平茶鹽事。旋録救荒之勞，除直秘閣，凡三辭。會浙東大饑，易提舉浙東常平茶鹽公事。復以南康人納粟未推賞，不受職。賞行，乃受。入對，首陳災異之由與修德任人之説，又奏乞推行社倉之法。始拜命，即移書他郡，募米商，蠲其征。及至，則米舟輻輳。日鈎訪民隱，按行境内。窮山深谷，靡所不到。單車屏徒，所至人不及知。存恤所活，不可勝計。郡縣官吏，憚其風采，至自引去，所部肅然。孝宗謂王淮曰：「朱熹政事却有可觀。」先生以前後奏請多所見抑，幸而從者，卒稽緩後，時蝗旱相仍，不勝憂憤，復奏言：「爲今之計，獨有斷自聖心，沛然發號，盡出内庫之錢，以供大禮之費，爲收糴之本。」九年，以賑濟有勞進直徽猷閣，辭。台州守唐仲友與王淮同里，爲姻家，遷江西提刑，未行。先生行部至台，訟仲友者紛然，按得其實，章三上，淮匿不聞。先生論愈力，下紹興府鞫之，得其情，乃奪其新命授先生。先生以爲是蹊田而奪之牛，辭不拜。復上言：「所劾贓吏黨與衆多，並當要路，其加害於臣不遺餘力，即遠至師友淵源所自，亦復無故横肆詆排。爲臣之計，惟有乞身就閒，或可少舒患難。」惟時吏部尚書鄭丙上疏毁程氏學以陰詆，而御史陳賈亦面對，論近日縉紳有所謂道學者，大率假名濟僞，故先生有是言。十年，主管台州崇道觀，既而連奉雲臺、鴻慶之祠者五年。十四年，提點江西刑獄公事，以疾辭。不許，遂行。十五年，入奏，首言近年刑獄不當及經總制錢、江西科罰之弊，末乃詳言擴天理、克人欲之事。是行也，有戒先生勿以「正心誠意」爲言者，先生曰：「吾平生所學，止此四字耳。豈可回互而欺吾君乎？」及奏，孝宗稱善，曰：「久不見卿。浙東之事，朕自知之。今當處卿清要。」除兵部郎官，以足疾丐祠。本部侍郎林栗前數日與先生論《易》、《西銘》不合，至是遣吏抱印，迫以供職。先生以疾告，遂以欺慢刻。時孝宗方向先生，曰：「朕見其跛曳。」令依舊職江西提刑，先生且辭。章再上，除直寶文閣，主管西京嵩山崇福宫。未踰月，再辭，并具封事，投匭以進，言天下大本，今日急務凡六事。疏入，漏下七刻，孝宗就寢，亟起，秉燭讀之。明日，除主管太乙宫，兼崇政殿説書。會有指道學爲邪氣者，力辭，除秘閣修撰，仍奉外祠。

光宗即位，再辭職名，仍舊直寶文閣。降詔奬諭，除江東轉運副使，以疾辭者再。會使者自金還，言金人問朱先生安在，遂改知漳州。奏除屬縣無名賦七百萬，經總制錢四百萬。採古喪禮嫁娶之儀，揭示以變民俗，命父老解説。其子弟有聚僧廬爲傳經會，作庵舍以居不嫁之女者，悉禁絶之。會朝論欲經界泉、汀、漳三州，先生訪事宜，擇人物，以至弓量之法，洞見本末，上之。有旨，先行漳州一郡。明年，以子喪請祠，除秘閣修撰，主管南京鴻慶宫，再辭。除荆湖南路轉運副使，又辭，乞補宫觀，從之。又數月，差知静江府廣南西路經界安撫，辭。四年，又辭主管南京鴻慶宫。未幾，差知潭州荆湖南路安撫，力辭。五年，再辭。有旨，長沙巨屏，得賢爲重，遂拜命。會洞僚擾屬郡，遣人諭以禍福，皆降之。申教令，嚴武備，戢奸吏，抑豪民，興學校，明教化。湘湖士子日伺公退，則請質所疑，先生爲之講説不倦。又以南康、漳州所申改正釋奠儀式爲請，録故死節五人，爲之立廟。

孝宗升遐，先生哀慟不能自勝。又聞光宗以疾不能執喪，益憂懼，乞歸田里。寧宗在潛邸即聞先生名，恨不得爲本宫講官，及即位，首詔奏事。先生行且辭，除焕章閣待制、侍講。又辭，不許，降下手札云：「卿經術淵源，正資勸講，次對之職，勿復牢辭，以副朕崇儒重道之意。」遂拜命，奏言：「太皇太后躬定大策，陛下寅紹丕圖，可謂處之以權，庶幾不失其正者。亦曰陛下之心，前日未嘗有求位之計，今日未嘗有忘親之懷耳。充未嘗求位之心，則可以盡吾負罪引慝之誠，充未嘗忘親之心，則可以致吾溫清定省之禮。始終不越乎此，則人倫可正，大本可立。」又議禧祖不當祧，勸帝行孝宗通喪之禮，日用之間以求放心爲本，而用力於玩經史，近儒學。數召大臣，❶切劘治道。覃恩轉朝請郎，賜紫章服，兼實録院修撰。辭，不許，遂受。詔進講《大學》，先生以平日所論著編次成帙以進。寧宗開懷容納，面諭：「求放心之説甚善，所進册子宫中嘗讀之，今更爲點來。」先生知帝有意於學，遂以劄子勉帝進德，立嫡孫承重之服。時韓侂胄自謂有定策功，先生憂其害政，每進對，再三言左右竊柄，侂胄怒。遂有御批云：「憫卿耆年，方此隆冬，恐難立講，已除卿宫觀。」宰相執奏不行，明日徑以御批付先生。臺諫争留，不可。照依焕章閣待制，提舉南京鴻慶宫。初，趙汝愚既相，召四方名士，中外引領望治，先生獨惕然以侂胄爲慮，數以手書啓汝愚，有「防微杜漸，謹不可忽」之語。汝愚不以爲意，至是亦被誣謫永州，而大權悉歸侂胄。先生草書，極言奸邪蔽主之禍，以辯汝愚之冤，詞旨痛切，諸生更諫。以筮決之，得遯之同人。先生默然，退取諫草焚之，自號遯翁。以疾乞休，不許，詔：「辭職謝事，非朕優賢之意。依舊秘閣修撰。」二年，臺諫沈繼祖、胡紘等迎侂胄意，論先生十罪。葉翥、劉德秀復言先生爲僞學之冠，選人余嚞上書乞斬先生以絶僞學，詔落職罷祠。報書至，先生方與諸生講論，起視畢，坐講如故。五年，詔以朝奉大夫致仕，先生始以野服見客。

---

❶「數召」，原作「召數」，今據《勉齋集》乙。

六年，先生年七十有一。三月寢疾，尚與諸生講《太極圖》、《西銘》，改《大學》「誠意」章。明日，諸生入問疾，先生起坐曰：「誤諸公遠來。道理止是如此，但相倡率，下堅苦工夫，牢固着足，有進步處。」先是，去冬以《書傳》授蔡九峯，俾足成之。至是復手書范念德，托寫《禮書》；黄榦，令收《禮書》底本，補葺而成之；又書子在，令收拾遺文。次日，移寢中堂，諸生又入問曰：「先生之疾革矣，萬一不諱，用温公《喪禮》何如？」曰：「疎略。」問《儀禮》，乃頷之。正坐，整衣冠，揮婦女，諸生揖而退，良久而逝。是日甲子，大風拔木，洪水崩崖。門人治喪，一以《儀禮》從事，所至從游之士與聞風慕義者，莫不爲位而哭。葬建陽縣唐石生之大林谷。

自先生之去國也，侂胄勢益張。鄙夫憸人，迎合其意，謂貪黷放肆乃人真情，廉潔好禮者皆僞也。科舉取士，稍涉經訓者，悉見排黜。文章議論，根於義理者，並行除毁。六經、《語》、《孟》，悉爲世大禁。從游之士，特立不顧者，屏伏丘壑。依阿巽懦者，更名他師，過門不入。甚至變衣冠，狎游市肆，以自别其非黨。先生日與諸生講學竹林精舍。嘉泰初，學禁稍弛。二年，詔除華文閣待制，與致仕恩澤。是時先生已没矣。建寧守傅伯壽素憾先生不薦己，不以聞，故有是命。開禧三年，侂胄伏誅，憸黨斥戮。嘉定元年，詔賜遺表恩澤，謚曰文。尋贈中大夫，特贈寶謨閣直學士。

方先生年十四時，慨然有求道之志，父病亟，屬之曰：「籍溪胡原仲、白水劉致中、屏山劉彦沖三人，學有淵源，吾所敬畏。吾死，汝往事之。」故先生之學既博求之經傳，復徧交當世有名之士。嘗自同安徒步往從李延平，於延平之言反覆思維。其爲學也，大抵窮理以致其知，反躬以踐其實，而以居敬爲主。不安於偏見，不急於小成，而於毋自欺、謹其獨之戒，未嘗不三致意焉。其可見之行，則修諸身者。其色莊，其言厲，其行舒而恭，其坐端而直。其閒居也，未明而起，深衣幅巾方履，拜於家廟，以及先聖。退坐書室，几案必正，書籍器用必整。倦而休也，瞑目端坐，休而起也，整步徐行。中夜而寢，既寢而寤，則擁衾而坐。自少至老，未嘗須臾之離也。行於家者，奉親極其孝，撫下極其慈。閨庭之間，内外斬斬，恩義之篤，怡怡如也。其祭祀也，事無纖鉅，必誠必敬。小不如儀，則終日不樂，祭無違禮，則油然而喜。死喪之慼，哀戚備至，飲食衰絰，各稱其情。賓客往來，無不延遇，稱家有無，常盡其歡。於親故，雖疎遠必致其愛，於鄉閭，雖貧賤必致其恭。吉凶慶弔，禮無所遺，賙恤問遺，恩無所闕。其自奉則衣取蔽體，食取充腹，居止取足以障風雨，人不能堪，而處之裕如也。初依劉氏居崇安，晚遷建陽之考亭，仕於外者僅九考，立於朝者纔四十日耳。由孔子而後，曾子、子思繼其微，至孟子而始著。由孟子而後，周、程、張子繼其絶，至先生而始著。常謂聖賢道統之傳，散在方策，聖經之旨不明，道統之傳始晦，於是竭精訓釋。所著書有《周易本義》《啓蒙》，《蓍卦考誤》，《詩集傳》，《大學》《中庸章句》、《或問》，《論語》《孟子集註》，《太極圖》《通書》《西銘解》，《楚辭集註》、《辨証》，《韓文考異》，所編次有《論》、《孟》集義，《孟子指要》、《中庸輯略》、《孝經刊誤》、《小學書》、《通鑑綱目》、《宋名臣言行録》、《家禮》、《近思録》、《伊洛淵源録》、《程氏遺書》，皆行於世。先生没，朝廷以其《大學》、《語》、《孟》、《中庸》訓說立於學宫。又有《儀禮經傳通解》未脱稿，亦在學宫。平生爲文凡一百卷，生徒問答凡八十卷，別録十卷。

理宗寶慶二年，贈太師，追封信國公。紹定二年，改封徽國公。淳祐元年，詔同周、張、二程從祀孔子廟。元至正中，改封齊國公，封韋齋先生爲靖獻公。明洪武間，追封先生徽國公。嘉靖九年，以韋齋先生從祀啓聖祠，於子孫之在徽州者賜襲博士一員。皇朝康熙二十九年，於在建陽者亦襲博士一員。四十四年，賜御書「大儒世澤」四大字，又對聯云：「誠意正心闡鄒魯之實學，主敬窮理紹濂洛之真傳。」各懸於祠。

先生子三人。長塾，字受之，蔭補將仕郎，能詩，蚤世。次埜，次在。塾子鑑，累遷奉直大夫、湖廣總領，建先生祠於建安居焉。曾孫浚，字深源，兩浙轉運使兼吏部侍郎，尚理宗公主。元兵下建寧，與公主逃入福州。既而福州守王剛中以城降，仰天大哭曰：「君帝室王姬，吾大儒世胄，可受辱乎？」遂飲藥死。

埜，字文之。淳祐間蔭補迪功郎，差監德清縣户部贍軍酒庫。後朱子十一年卒，黄勉齋誄之曰：「在昔夫子，性嚴氣剛，規矩準繩，動止有常，君承其顔，惟恐或傷。在昔夫子，朝圖暮書，遑恤其家，孰有孰無，君服其勞，使若有餘。内睦姻親，外交朋友，歲時享祀，殽核清酒，囊篋瑣碎，俾無遺漏。非君之賢，孰左孰右。」贈朝奉郎。子鉅，南康尹，銓監登聞鼓院。

在，字叔敬。用蔭補官。嘉定初，除籍田令。亢旱，上封事。歷將作司農簿，遷丞。十年，以大理寺正知南康軍，奉祠。起知信州，入對，以進學問、振紀綱、求放心爲言。除提舉浙西常平茶鹽公事，加右曹郎官，兼知嘉興府。召爲司農少卿，充樞密副都承旨，出爲兩浙轉運副使。寶慶中，除工部侍郎，進對，論人主學問之要。理宗曰：「卿先卿《中庸序》言之甚詳。」因奏：「閔損以下九人並封公爵，獨曾參爲侯，乞並封公。揚雄、王雱乞去其像。本朝有程顥、程頤、張載三人，若使從祀廟庭，斯文幸甚。」除吏部侍郎，請外，除寶謨閣待制，知平康府。遷焕章閣待制，知袁州，奉祠，卒。子鉉，通直郎，兩浙運管。

蔡先生，名元定，字季通，八世祖爐，唐時爲建陽長，因家焉。累傳至伯俙，宋真宗時，三歲舉神童，賜詩褒美。再傳生諒，以鄉貢入太學，爲太學録，勸徽宗剛仁勤儉。諒生發，字神與，高簡廓落，周流四方，聞見益廣。精易象、天文、地理，於三氏之學無所不通，而皆能訂其得失，晚號牧堂老人。先生在娠，牧堂以聖賢遺像設別室，使妻詹氏日瞻仰焉。生而穎異，八歲能詩，十歲日記千百言。牧堂示以程氏《語録》、邵氏《經世》、張氏《正蒙》曰：「此孔、孟正脉也。」先生深涵其義，辯析益精。師事朱子於崇安，朱子扣其學，大驚曰：「此吾老友也，不當在弟子之列。」凡講論性道，諸弟子所不得聞者，必與先生語。微辭奥義，必先令考究，而後折衷之。朱子嘗論《中庸》已發未發之旨，謂人自嬰兒至老死，雖語默動静之不同，然大體莫非已發。先生不以爲然，獨引程子「敬而無失，便是喜怒哀樂未發謂之中」。後十年，再與辨論，始終其説，而悉反之，由是益奇先生。嘗謂人曰：「凡人讀易書難，季通讀難書易。」又曰：「造化微妙，惟深於理者能識之，吾與季通言而不厭也。」每至必留講數日，通夕對床，不暇假寐。諸從朱子遊者，歸必過先生之家，聽其言論，不忍去，各充然有所得。

淳熙戊申，太常卿尤袤、秘書少監楊萬里薦於朝，辭以疾，鄉人稱爲聘君。嘗與太學生黄滋諸公游西湖，諸公欲謀薦先生而留行者，先生聞命，即日歸舟，築室西山將老焉。朱子貽詩云：「臨風引領俟，已聞採薇歌。」韓侂胄擅政，設學禁以空善類，一時臺諫承風排擊，先生知不免，謂學者劉礪曰：「化性去僞，惡得無罪。」及沈繼祖、劉三傑爲言官，連疏譏詆朱子，并及先生，遂坐謫道州。州縣捕甚急，不辭家而行。或曰：

「姑緩之。」先生曰：「獲罪於天，天可逃乎？」朱子與從游者數百人餞别蕭寺中，坐客有興嘆泣下者，朱子微視先生，不異平時，因喟然曰：「朋友相愛之情，季通不挫之志，可謂兩得之矣。」而先生亦賦詩云：「執手笑相别，無爲兒女悲。」與其子九峰先生行三千里，踵血爲流，略無幾微出於顔面。❶既至，諸州士子從游者日衆，有名士挾才簡傲非笑前修者，亦心服謁拜，執弟子禮。人爲語曰：「初不敬，今納命。」愛先生者謂宜謝遣生徒，先生曰：「彼以學來，何忍拒之？若有禍患，豈閉户所得免乎？」貽書訓子曰：「獨寢不愧衾，獨行不愧影，庶可傳之子孫，勿以余無故得罪而遂懈焉。」一日謂九峰曰：「吾欲安静還造化舊物，可謝客。」凡九日，命移寢正室，有二聲若巨石墜牖間，頃之而逝。時慶元四年八月九日也，年六十四，葬建陽縣崇泰里翠嵐之山。朱子誄之曰：「精詣之識，卓越之才，不可屈之志，不可窮之辯，不可復得而見矣。天之生是人也，果何爲耶？」侂胄既誅，贈迪功郎，賜謚文節。

先生於書無所不讀，於事無所不究，明陰陽消長之運，達古今盛衰之理。禮樂、兵制、度數，皆正其流而會于一。方伎曲學，異端邪説，悉拔其姦而辨其非。居家以孝弟忠信儀刑子孫，而教人也以性與天道爲先，自本而支，自源而流，聞者莫不興起。所著書有《大衍詳説》、《律吕新書》、《燕樂源辨》、《皇極經世》、《太乙潛虚指要》、《洪範解》、《八陣圖説》、《陰符經解》、《氣運節略》、《脉書》及《詩柬》、《雜説》若干卷傳于世，學者稱西山先生。明嘉靖間從祀啓聖公祠。皇朝康熙四十五年，從學臣沈涵之請，賜御書「紫陽羽翼」四大字匾于

---

❶「面」，原作「回」，同治本作「色」，今據《宋史》本傳改。

祠。子三人：淵、沆、沈。

淵，字伯静，别號節齋，西山長子。兄弟三人皆躬耕不仕，卓然自立，邦之人士莫能與比，而人亦莫知其所藴也。西山謫春陵時，奉母家居，備極誠孝。嘗謂周子「無極而太極」之説得於「易有太極」之一言，易者變易無體，即無極之義。識者謂其發先儒所未發，而真西山亦云「節齋之學能言朱子所未言」。所著有《周易訓解》、《易象意言》、《卦爻辭旨》、《古易協解》、《大傳易説》、《象數餘論》、《太極通旨》等書行世。

沆，字復之，西山次子。西山使長子伯静紹其《易》學，季子仲默紹其《書》學，而以所發明《春秋》屬公。一日讀《易》，悟曰：「《易》一卦一爻，爲義各異，謂《春秋》以一例該衆事，可乎？」讀《書》至「道心人心」，則嘆云：「春秋二百四十餘年間，諸侯大夫行事，發於道心者無幾。聖人于赗仲子，納郜鼎，皆據大義以止私欲。一書綱領在此！」嘗以敬爲入德門户，義爲一身主宰，復爲學者遷善改過之幾，時時以敬義示人。與人講明復卦，言當以不遠復爲法，以頻復爲戒。著有《春秋五論》行世。稱復齋先生。

沈，字仲默，西山季子。自勝衣趨拜，入則服膺父訓，出則從事朱子。朱子晚欲著《書傳》，未及爲，遂以屬先生。《洪範》之數，學者久失其傳，獨西山心得之，未及論著，曰：「成吾書者，沈也。」先生受父師之託，沉潛反覆數十年，然後成書，多發明先儒所未及。其於《洪範》數，謂：「體天地之撰者《易》之象，紀天地之撰者《範》之數。數始於一奇，象成於二偶。奇者，數之所以立，偶者，象之所以行，故二四而八，八卦之象也，三三而九，九疇之數也。由是八八而又八之，爲四千九十六，而象備矣，九九而又九之，爲六千五百六十一，而數周矣。易更四聖，而象已著，範錫神禹，而數不傳。後之作者，昧象數之原，失變通之妙，或即象而爲數，或反數而擬象，《洞極》有書，《潛虚》有圖，非無作也，牽合傅會，而自然之數益晦。嗟乎，天地所以肇，人物所以生，萬事所以失得，莫非數也。數之體著於形，數之用妙於理，非窮神知化，曷足語此？」西山道州之謫，先生徒步數千里以從。春陵窮僻，山川風物，悲凉慘愴，先生父子相對，以義理自怡。父歿謫所，復徒步護喪歸。有遺以金而義不可受者，輒謝却之曰：「寧隨所止而殯，不忍累其先也。」年三十，屏去舉業，一以聖賢爲師。仰觀俯察，默坐終晷，瞭然有以見夫天地之心，萬物之情，反求諸躬，萬理俱備。西山著《律吕書》、《演八陣圖》，皆爲朱子所嘆重，然學者鮮闚其微。間以叩先生，毫析縷解，至象緯運行，陰陽向背，歷如指掌。卜居九峰，邃奧重掩，雖當世名卿物色訪求，不屑就也。其爲文，長於論辨，詩早慕太白，晚入陶、韋社中。至其吟咏性情，摹寫造化，則又源流朱子《感興》諸作。著《書經集註》。稱九峰先生，謚文正。明正統閒，從祀孔廟，成化三年，追封崇安伯。皇朝康熙四十五年，從學臣沈涵之請，賜御書「學闡圖疇」四大字匾於祠。子模、杭。

模，字仲覺，九峰長子。操行高潔，風度夷坦，師事朱子。隱居篤學，一以聖賢爲師。王埜創建安書院，請任席長。淳祐中用宰相謝方叔、湯恢薦，補迪功郎，添差本州教授。令有司録所著書，并訪以所欲言，公疏言敬義爲萬世帝王心學大旨，价人、大師等六者爲國家守邦要道，及請頒《白鹿洞學規》於天下。嘗輯朱子書，爲《續近思録》及《易傳集解》、《河洛探賾》、《大學衍論》、《語》、《孟》集疏等書。學者稱覺軒先生。

杭，字仲節，九峰次子。歷諸王宫大小學教授，奏對，論正心及内降斜封之弊，又言權奸不可復用，國本不可不早定。寶祐中，由浙東提刑召國子司業，歷官參知政事。落職，踰年復殿學，致仕。嘗論參知政事劉之傑黨於史嵩，不叶物議。又論京尹余晦凌辱三學及丁大全權奸。所至州郡，祀先儒，旌忠節，舉遺逸，表行義。居家孝友，四時祭祀仍遵伯父節齋遺制。遇朞功緦麻之喪，必衰衣以終月。數治喪，不用浮屠。卒謚文肅。子公亮，大理司直。

黄公榦，字直卿，閩縣人。父瑀，字德藻，以篤行直道聞。爲饒州司户，歷官侍御史，所至有聲。父殁，公往見清江劉清之。清之奇之，命受業朱子。公白母，即行。時方大雪，既至而朱子他出，公留客邸，卧起一榻，不解衣者二月。及朱子歸，得謁見，晝夜厲學，更不設榻，倦則微坐一椅，或至達曙。朱子嘆其堅苦，以女妻之。寧宗即位，補將仕郎。銓中，授迪功郎，監台州酒務。丁母憂，學者聽講于墓廬。朱子作竹林精舍成，遺以書，有「他時便可代即講席」之語。及編《禮書》，獨屬以喪、祭二編。稿成，朱子見而喜曰：「所立規模次第，縝密有條理。」病革，授公深衣及所著書，手書與訣曰：「吾道之託在此。」朱子殁，公持心喪三年。畢，調監嘉興府石門酒庫。時韓侂胄方謀用兵，吴獵帥湖北，辟爲荆湖北路安撫司激賞酒庫，兼準備差遣。事有未當，必忠告力争。江西提舉常平趙希懌、知撫州高商老復辟爲臨川令。歲旱，勸糴捕蝗，極盡心力。改調新淦，吏民習知臨川之政，不令而行。差通判安豐軍，淮西帥司檄鞫和州疑獄。公釋囚飲食之，委曲審問，未得情實。一夜夢井中有人，明日呼囚，詰曰：「汝殺人于井耶？」囚驚伏，既果得屍廢井中。尋知漢陽軍，重庠序，先教養，于郡治後立周、程、游、朱四先生祠，架屋以館四方之士。值歲饑，糴客米，發常平賑濟，民大感悦。以病乞祠，未幾起知安慶府。至則金人犯光山，民情震恐，公爲守禦計，請城于朝，不待報下，即日興工。城分十二料，先自築一料爲準，然後委官吏、寓公、士人分料主之，悉準其一料之費。計田出役，法均費省，應休者休，應代者代。築城之杵，取諸錢監未鑄之鐵，事畢還之。公以五鼓坐堂發令，監工官授以一日成算。既畢乃治府事，閱士卒，與僚佐講究防邊利病，次則巡城視役，晚入書院講論經史。會上元燈，其日城成，士民扶老携幼來觀。有舁百歲嫗至堂，公禮之，命酒炙，且勞以金帛。嫗曰：「老婦之來，爲一郡生靈謝太守耳，賜非所冀也。」不受而去。後二年，金人破黄州、沙窩諸關，淮東西皆震，獨安慶按堵如故。繼而霖潦餘月，巨浸暴至，城屹然無虞，士民喜相謂曰：「不殘于寇，不陷于水，生汝者黄父也。」制置李珏辟爲參議，再辭不受。既而朝命與徐僑兩易和州，且令先赴制府禀議。公即日解印趨府，及至，珏令同往維揚視師，因爲謀禦敵之策。而時在幕府者皆輕浮之士，吏民有獻謀畫者，多爲毁駁。將帥偏裨，人心不附，而珏方日與僚屬張宴，列女樂，賞牡丹爲樂。公直諫，請整師旅以固蘄、黄，爲江南保障。且言：「視牡丹之紅艷，豈不思邊庭之流血？視管絃之啁啾，豈不思老幼之哀號？視棟宇之宏麗，豈不思士卒之暴露？視飲饌之豐美，豈不思流民之凍餒？敵國深侵，宇内騷動，主上食不甘味，聽朝不怡，大臣憂懼不知所出，尚書豈得不朝夕憂懼，而乃如是之迂緩暇逸耶？」珏不能用，力辭去。再命知安慶，不就。入廬山訪友人李燔、陳宓，盤旋玉淵、三峽間，俛仰朱子舊跡，就白鹿洞講乾坤二卦，山南北之士皆來集。未幾，召赴行在所奏事，除大理寺丞。不拜，爲御史李楠所劾。初公入荆湖幕府，奔走諸關，與江淮豪傑游，豪傑往往願依。及倅安豐、武定，諸將皆歸心焉。後倅建康，守漢陽，聲聞益著。諸豪傑深知公倜儻有謀，及來安慶，且兼制幕長，淮軍民之心翕然相向。此聲既出，在位者益忌，且慮公入見必直言邊事以悟朝廷，至是群起擠之。公遂歸里，弟子日盛，巴蜀江湖之士皆來，悉借鄰寺處之。晝編禮著書，夜與講論經理，質疑請益，如朱子時。俄命知潮州，辭，不行，差主管亳州明道宫。踰月，乞致仕，特授承議郎。殁後數年，以門人請謚，特贈朝奉郎，與一子下州文學，謚文肅，學者稱勉齋先生。著《書説》十卷，《論語通釋》十卷，《論語意原》一卷及《勉齋集》行世。兄東，字仁卿，亦受業朱子。

陳公淳，字安卿，龍溪人。少而識趣端高，學務求實，以同俗爲耻。間取《濂洛遺書》伏而讀之，曰：「是若與吾心會，蓋真得洙泗之傳者。循牆闖門，未身其奥，吾心恧焉。」及聞朱子講道武彝，嘆曰：「是濂、洛的派。」贏糧願從，戹於無資。會朱子來守漳州，袖所作《自警詩》爲贄。朱子讀之，恨相見晚，與語，知其用工深久，直以上達之理發之。公聞語深思，益求所未至。朱子去郡，每語人曰：「南來吾道得一安卿爲喜。」又曰：「安卿看得道理儘密，此間諸生未有及之者。」又曰：「近得安卿書，亦甚進，異日未可量也。」公又積十年之學，凡所讀聖賢之書，講明義理，洞究淵微。日用之間，行著習察，有以洞見乎天理流行之妙，胸中洒落，隨其所處，莫不有從容順適之意。不遠千里往質朱子，朱子有喟然與點之嘆，又告之曰：「當大作下學之功，毋專任上達之見。當如曾子專事於所貫，毋遽求一。當如顔子專事於博約，毋遽求卓。」

公歸更無書不讀，無理不格，旁搜廣覽，惟恐或遺。嘗語學者曰：「《書》乃帝王大用流行處，《周禮》乃周公大用流行處，《春秋》又孔子大用流行處，而朱子所表四書及《近思録》，乃聖賢傳心明道之要法，學者造道成德之大端，皆不可不盡心焉。蓋妙道在精義，須從千條萬緒中串過，無一不周匝，然後爲聖門之實學，不然則落空矣。于凡經傳子史之所載，紀綱法度之詳，禮樂刑政之用，古今興衰治亂之原，得失利害之幾，與夫異端邪説似是之非，淺深疎密難明之辨，無不周詳究勘，徹上徹下，而於朱子之所以教，無復遺恨矣。」朱子殁，公僻處陬澨，曩時同門諸老皆已零落，後來者率累於科舉，習於見聞，惟鄰郡泉、莆間有相信從者。嘉定丁丑，以特試寓中都，四方友皆來叩質，朝士大夫争館迎焉。嚴州守鄭公之弟聞其至，招致學宫，坐臯比講道。時有竊似亂真自立門庭者，教人默坐求心，謂可一蹴而至，而以致知格物爲支離，認人心爲道心，而是非理欲之所在皆置不聞。後生晚出，喜奇便簡，羣然和之。公極力排之，所以發明正學，以求指歸，則有《道學體統》等四篇；所以排觝異端，中其膏肓，則有《似道》、《似學》二辨。既歸，泉人士師事益衆。公與講解，率至夜分，惟恐聽者之勞，而在己曾無倦色，惟慮人無以受之，而不憚傾倒所有以告。於是門人隨其口授，筆之於書，《大學》、《論》、《孟》、《中庸》則有《口義》，仁義禮智心意性情之類，隨事剖析，則有《字義詳講》。仙谿陳沂久往來門下，輯一時問答之言爲《筠谷所聞》二卷，其深切著明者也。公之道至晚益尊，行著于鄉，德形於言，胸中明瑩若太空無雲，而其辨説條暢，浩乎水涌而山出，其推己及人之心甚於饑渴嗜慾，不能自遏。戊寅，授迪功郎，主安溪簿，泉南諸生竊自幸有以終教。將行，竟卒，時年六十五矣。於是相與哀哭曰：「何後學之不幸！」壬午，以恩循修職郎，學者稱北溪先生。子榘，能讀父書，銓次其家集爲五十卷，有《學道體統》、《師友淵源》、《用功節目》、《讀書次序》四篇，《似道似學辨》、《口義》、《字義詳講》、《詩體》、《女學》等書。

廖公德明，字子晦，南劍州人。少學釋氏，及得楊龜山書，讀之大悟，遂受業朱子。乾道四年第進士，以宣教郎知莆田縣，重風教，毁淫祠。邑有達官，請乞邑地以廣其居，公堅持不可。守會僚屬風之，公正色曰：「太守，天子守土之臣，未聞以土地與人者。請邑地即予，若請郡地，明府亦將避正堂讓之耶？」守慚服。累官知潯州，有聲，諸司交薦，固辭不受。遷廣東提舉刑獄，彈劾不避權勢。歲當薦士，朝貴多以書相托，公不啓封還之曰：「國家公器，可以私耶？」鄉人有爲主簿者，公聞其能，薦之。簿感知己，會行縣，置酒爲壽，觴豆甚盛，多假富人。公怒曰：「一主簿乃若是侈，必貪也。」追還其薦章。盜陷桂陽，迫韶，韶人震怖，公燕笑自如。遣將馳擊，而親持小麾督戰，大敗之。乃分戍守，遠斥堠，明審賞罰，宣布威信，韶以晏然。徙知廣州，遷吏部左選郎官，奉祠，卒。公初作宰，不肯庭參上位。教授潯州，爲學者講明心學之要，手植三栢于學，潯士愛敬之如甘棠。知廣州，立師悟堂，刻朱子《家禮》及程氏諸書，公餘延僚屬諸生，親爲講解。嘗曰：「吾自始仕以至爲郡，惟用『三代直道而行』一語而已。」又云：「人能無時而不戒謹恐懼，則天理無時而不流行，有時而不戒謹恐懼，則天理有時而不流行。」學禁方嚴，確持師説，不肯少變。陳安卿稱其學爲「有守，立脚得住，不爲時論所易」。著有《朱子語録》、《春秋會要》、《槎溪集》行于世。

林公用中，字擇之，别號東屏，古田人。始從林艾軒學，既而曰：「吾當求所謂明德新民，止至善者，以畢吾志。」遂棄舉業，從朱子遊，朱子稱爲畏友。凡答友人書，不曰擇之通悟修謹，嗜學不倦，則曰講論精密，務求至當；不曰温厚謹敏，知所用心，則曰思索愈精，操持愈密。與西山蔡氏齊名。張敬夫守潭州，朱子偕公往訪之，有《南嶽唱酬集》。石墪宰尤溪，延掌學政，僅爲一往，後不復出，終身不求仕進。趙公汝愚帥閩日，常親造問政焉。邑宰洪天錫表其門曰「道德」，學者稱草堂先生。著《草堂集》。弟執中。

執中，字擴之。亦受業朱子，朱子稱其「晦外而明於內，樸外而敏於中」。

劉公砥，字履之，别號存菴，長樂人。祖嘉譽，字德稱，爲樂昌尉，受業李延平。父世南，字景虞，爲吉州司理參軍，受學林拙齋，與吕東萊友善，秉禮蹈義，鄉里敬之。公六歲時日誦千言，至覽忠孝大節，輒激憤感慨。嘗讀釋、老書，嘆曰：「此不足習。」乃治舉子業，十歲通九經傳記，綴詞賦，兄弟並登童子科。又嘆曰：「此不宜專習。」因徧取伊、洛諸書讀之，往受業於朱子。朱子嘉其志篤學敏，授之《太極圖》，充然有得，嘗謂人曰：「履之兄弟差勝，若更加功，或恐可望耳。」累年更歷變故，志尚愈堅，朱子修《禮書》，公預編次。以時方攻道學，益無復仕進意，年四十五卒。公居家孝友，交朋友信，臨事畏謹，不改繩墨。爲文純雅宏博，詩不加琢而能達其意。著《論語解》、《孟子解》、《王朝禮編》。弟礪。

礪，字用之，别號在軒。幼穎悟孝弟，中童子科，後棄舉子業，從朱子游，而最善黄直卿。朱子答陳才卿書曰：「《禮書》得直卿用之，漸可整頓。」又曰：「二劉到此，并手料理，方有汗青之日。」僞學禁興，志尚愈篤。蔡西山竄道州，公兄弟饋贐特厚。子子玠。

子玠，字君錫。從黄直卿學，非名士不交，非義理書不存。平居退讓若無有，及其見義必爲，不類流俗，則有人所難者。

林公夔孫，字子武，古田人。從朱子學，朱子曰：「子武是有思量的。」命作堂長，嘗與講論「一陰一陽之謂道」及「繼善成性」之説。黨禁起，學者懼禍，更事他師，公與傅君定仍從朱子，講論不輟。朱子易簀之際，謂曰：「道理只是如此，且須做堅苦工夫。」嘉定七年，以特奏名授某縣尉。所著有《書本義》、《中庸章句》、《蒙谷集》。

楊公方，字子直，長汀人。清修篤孝，行己拔俗，隆興元年登進士。調弋陽尉，還，特取道崇安，參謁朱子，面受所傳。未赴，改清遠簿，廉憲姚孝資檄攝曲江，以廉介剛直聞，改武寧丞。秩滿，趙公汝愚帥蜀，辟管機宜。召對，擢宗正簿。乞外，通判吉州，知建昌軍。召爲樞密院編修官，首疏乞朝重華宫，辭甚懇切。寧宗立，除秘書郎，出知吉州。僞學禁興，坐汝愚、朱子黨罷。居贛州，閉户讀書。學禁稍弛，起知撫州。至官未數月，乞祠以歸。嘉定更化，召爲右侍郎官，進考功郎官，復積忤去。越二年，以鯁介老成除直寶謨閣，提刑廣西。循歷屬部，發摘奸貪，至桂嶺卒，聞者淚下。所居植淡竹，自號淡軒老叟。門人丘鱗，字起潛，連城人。舉嘉定庚辰奏科，歷知建寧縣，有廉聲。

陳公孔碩，字膚仲，候官人。祖禧、父衡，皆爲朱子所稱重。公刻志力學，好古道，以聖賢自期。嘗從張南軒、吕東萊游，東萊死，心喪三年。復與兄孔夙從學朱子於武夷，甚爲所器重。登淳熙二年進士，調婺州户曹。又調處州教授，以所聞於三先生者誘進後學，多所成就。知邵武縣，再知瑞金縣，創壇壝，新文廟，置社倉。歷官除吏部駕閣，累遷將作監丞、禮部郎中，知惠州，提舉淮東常平。嘉定間，金人來襲，遣子韡募死士，合鹽軍擊破之。移曹廣西，後丐祠，主千秋鴻禧觀。累召不起，進秘閣修撰，卒。以子韡貴，贈太子太師，金紫光禄大夫，候官縣開國男。公素性嚴毅，沉静有守，利禄不動其心，出入中外垂二十年，不肯少變。忤史彌遠，而與楊澹軒、葉水心友善。著有《中庸》、《大學》解、《北山集》三十卷行於世，學者稱北山先生。雅工篆隸，西山真氏跋其帖，稱其辭章翰墨爲近世第一。

林公學蒙，字正卿，一名羽，永福人。初從朱子游，後卒業於黄勉齋。僞學禁起，築室龍門菴下，講明性命之旨。陳師復守延平，作道南書院，聘爲堂長。朔望設講席，執經帖然，座下者常百餘人。及師復去任，公亦浩然引歸，諸生挽留之不可。生平識趣高明，文足以發義理，行足以激貪懦，凡所講論《易》説，朱子皆然之。著《梅塢集》。弟學履，字安卿，亦朱子門人。

黄公士毅，字子洪，莆田人。莆有壺公山，因以壺山爲號。僑寓吴中，有志聖賢事業。慶元中，學禁方嚴，徒步入閩，師事朱子。朱子命日觀一書，夜叩所見，告以静坐勿雜，唤醒勿昏。居數月，授以《大學章句》而歸，自是充然有得。嘗譔次《朱子書説》七卷、文集一百五十卷、《語類》一百三十八卷，又《類註儀禮》，未克成書。知府王遂爲買宅以居，稱爲考亭名士，同郡名儒黄公遼又謂之有道君子云。

楊公復，字志仁，長溪人。朱子門人，後又受業於黄勉齋，勁特通敏，考索最精，見者無不嘆服。陳師復稱其學問精深，服膺拳拳。真西山知福州，即郡學創貴德堂以居之。著《祭禮圖》十四卷，《儀禮圖解》十七卷，又有《家禮雜説附註》二卷，學者稱信齋先生。

潘公柄，字謙之，懷安人。父滋林，少穎高弟也，黄勉齋嘗受業焉。兄植，字立之，工於文，不赴塲屋，厲志潛修，專以務實爲己爲本。兄弟承父命，俱往事朱子於武夷，朱子稱曰：「立之有説得到處。」公年十六，即有志於道，朱子悉以所學授之。嘗言：「凡人之心不存則亡，而無不存不亡之時，故一息之刻不加提省，則淪於亡而不自覺。天下之事不是則非，而無不是不非之處，故一事之微不加精察，則陷於惡而不自知。」又言：「人之爲學，固不可以不博，尤不可以不約。顔子曰：『夫子博我以文，約我以禮。』博而不約，可乎？」遂取聖賢格言爲訓，又以《吕氏鄉約》檃括繼其後，凡存心養性之道，律己治人之方，條目具列，終身所行不出於此。著《易解》、《尚書解》，稱瓜山先生。

鄭公可學，字子上，莆田人。幼而文，早孤，撫諸弟，教授生徒以自給。自知性褊，乃于懲忿上用工尤力。裹糧千里，從朱子游。朱子一見如夙友，道同氣合，率終歲一歸，歸則以書質所疑。朱子守漳州，延爲子弟師，嘗以删定《大學》一編示諸生，曰：「此書欲付得其人，惟子上可託之。」凡學者有問，必使公正之。

竟日端坐，不見怠容，氣和而清，誠信温恭，凡所誘誨，皆爲名士。僞學禁興，諸生畏避退縮，公獨旦暮追隨。前後三奉大對，晚以特科授惠州文學，調衡州司户。著《春秋博議》十卷，《三朝北盟舉要》一卷，詩數百篇。晚歲嘗曰：「吾所聞於師者，皆精微要妙，口傳而不書者也。今老矣，不可獨善其身，將書之以淑斯人。」因爲《師説》十卷。

許公升，字順之，别號存齋，同安人。生長華宗，視紛華勢利無足動心，獨有志聖賢之道。朱子簿同安，公年十三，即從講學，淬厲五年。秩滿，復從北歸，覃思研精，學力大究。朱子稱其有得于内，嘗書「存齋」二大字授之，使扁書院，復爲之記。臨别宿雲際寺，朱子送以詩曰：「薄暮投花縣，聯車入翠微。長林生缺月，永夜照寒扉。清話欣無斁，離懷悵有違。勉哉彊毅力，千里要同歸。」又云：「門前三徑長蒿萊，愧子殷勤千里來。校罷遺書却歸去，此心元自不曾灰。」至家，朱子兩與書，微示養氣修齊之意。在衰絰之中，動閑禮度，擬古自裁，朱子嘉之。令校《程氏語録》，公曲折訂正論量，朱子答書甚悉。居家，偕同志陳仲齋肄業浄隱寺，又與石子重、徐元聘、柯國材、陳汝器、王近思等友善。後遍交四方之士，若范伯崇、廖德明、林擇之、許敬之等，或相過從，或往來書問，論道肄業。朱子稱其「恬澹静退，無物欲之累」。所著有《孟子説》、《禮記文改》、《易解》等書，並湮滅無傳。

王公力行，字近思，同安人。游朱子之門，朱子謂其明敏有餘，而少持重，因勉以爲己工夫。自是苦學善問，深得旨趣。著《朱氏傳授支派圖》、《文公語録》一卷，《大全集》載其問答甚多。

楊公至，字至之，晉江人。游朱子之門，朱子稱其講論精細。嘗論孟子平正，横渠高處太高，僻處太僻，朱子然之。又作《天道至德》、《天道至教》二圖，末言君子法天從政，如風動以教民善，如雷擊以懲奸慝，便是始爲士而終爲聖，盡乎人而合乎天。有《朱子語録》二卷。蔡西山以女妻之。

陳公守，字師中，莆田人。父俊卿，字應求，嘗館朱子于白湖仰止堂，使子弟受業焉。孝宗時爲相，不附秦檜，以大學士知福州，兼福建路安撫使，政尚寬厚，進封魏國公。公寬宏剛直，朱子題其書室曰「敬恕」，且爲之銘。以父蔭補官，歷太府寺丞，工部員外郎。凡六授郡符，三持使節，俱以廉清介特稱。晚爲將作監，卒。弟定、宓。

定，字師德。人品甚高，年十二即知爲己之學，每每欲見古人歸宿處，林謙之與之特厚。長從朱子遊，朱子告以聖人之學必自近而易者始，遂反求之。生平未嘗應舉，以父任爲右承奉郎。卒年二十五，朱子銘其墓。

宓，字師復。少及事朱子，朱子器異之。長從黄勉齋遊，稱其胸懷坦然，無一毫私欲之累，嘗與書曰：「忽聞執事志道之篤，立行之高乃如此，喜躍不能自勝。先師九原之下亦當爲之擊節，幸吾道之有傳也。」以父任歷知安溪，立安養院以處窮民，取廢寺粟若干粥之，病則醫藥之，死則棺槥之。邑有例錢，卻之，良久曰：「此一例字，壞許多賢士大夫。」安溪士民不名爲令而稱曰復齋先生。嘉定七年入監，因大旱進奏，言：「宫中宴飲，或至無節，非時賜予，爲數浩繁。大臣所用，非親即故，貪吏靡不得志，廉士動招怨尤。若能交飭内外，一正紀綱，天且不雨，臣請伏面謾之罪。」奏入，丞相史彌遠不樂，而中宫慶壽，三牙獻遺，至是爲之罷卻。遷軍器監簿，轉對，言：「人主之德貴乎明，大臣之心貴乎公，臺諫之言貴乎直。」指陳弊事，視前疏尤爲剴切，勉齋見而嘆曰：「使臣子皆如此，國其有不興乎？」尋請罷歸，擢大府丞，不拜，出知南康軍。歲大祲，奏蠲田賦，使流民築江隄而給其食。造白鹿洞，與諸生講解。改知南劍州，又大旱疫，蠲逋賦十數萬，且弛新輸三之一。躬率僚吏，持錢粟藥餌户給之。創延平書院，悉倣白鹿洞規。知漳州，未行，聞寧宗崩，嗚咽累日。無何，請致仕。寶慶二年，提點廣東刑獄，章復三上，迄不就。以直秘閣管崇禧觀，拜祠命而辭職名，得進職一等致仕。三學諸生以起公爲請，而公没矣。公天性剛毅，信道尤篤，自言居官必如顔真卿，居家必如陶潛，而深愛諸葛亮。身死，家無餘財，庫無餘帛，庶乎能蹈其語者。端平初，殿中侍御史王遂首言公事先帝有論諫之直，而不及俟聖化之更，宜褒身後，詔贈直龍圖閣。所著有《論語注義問答》、《春秋三傳抄》、《讀通鑑綱目》、《唐史贅疣》文稿數十卷。群從：宇，字允初，師事朱子于同安。姪址，幼知志學，蔭補承事郎，早卒。

許公景陽，字子春，同安人。從朱子游，朱子稱云：「子春説話意趣儘好，恨不得欵曲議論。」

丘公富國，字行可，建安人。受業朱子之門，登淳祐七年進士，爲端陽簽判。宋亡不仕。著《周易輯解》十卷、《經世補遺》三卷、《易學説約》五篇，發明朱氏宗旨。

魏公掞之，字子實，先名挺之，字元履，建陽人。少師胡籍溪，長游四方，盡交名士，聲聞日著。刺史芮曄應詔舉遺逸，上公行誼。以布衣入見，極論當世之務。孝宗獎嘆開納，賜同進士出身，爲太學録，釋奠孔子祠。先事白宰相陳俊卿，請言於上，廢安石父子勿祀，而追爵程氏兄弟，使從食。又言太學之教，宜先德行經術，其次尤當使之通習世務，以備官使。至他政事，有係安危治亂之機，宰相不能正，臺諫侍從不敢言者，無不抗疏盡言。以迎親告歸，行數日，罷爲台州教授。卒，孝宗嗟悼久之，曰：「朝廷不可無直諒之士，掞之雖死，其以宣教郎直秘閣告其第。」公於學無不講，尤長于前代治亂興亡之説及本朝故事。居家謹喪祭，重禮法，恤親舊，推挽後進。與人交，嘉善救失，如不及。或訾其近名，則曰：「夫人而皆避此嫌也，則爲善路絶矣。」故與朱子游，去國時，朱子正被召，將行，聞公出國門，遂止。子應仲，字孝伯，朱子嘗貽書勉其力學，以副趨庭責望之意，因教以出入起居，處己待人之節，卒舉進士。

楊公道夫，字仲思，浦城人。與從兄與立、子昂同時受學於朱子，朱子答書云：「所論仁字，大意得之，更宜仔細玩味，就實加功。」

范公念德，字伯崇，建陽人。父如圭，字伯達，少從舅氏胡文定受《春秋》，鄉舉數試皆第一。廷對策，極論人主正心立志之方，力詆和議宴安之失，言甚壯切，爲考官抑置乙科。歷官武安、邵州、江西、泉州，所至各有惠政。公從朱子學，初簿廬陵，遂以幹敏聞。辟吉州從事，致忠求情，廉勤悃愊，有冤必白，奸無幸免。因葺問事之堂，榜曰「盡心」，大書《噬嗑卦》於屏上。闢堂後爲方丈，以會文講學，朱子爲之記。他日侍朱子訪張南軒於長沙，同登衡嶽，多所唱和。朱子嘗得其所著《雜説》讀之，曰：「持守不差，見理漸明。」臨歿，手書曰：「范念德托寫《禮書》。」仕終宜黄令。

余公隅，字占之，古田人。朱子高弟，學問警敏，與林擇之齊名。吕東萊、黄勉齋相與往來，講明義理。著有《克齋文集》。

詹公體仁，字元善，浦城人。從朱子游，穎邁特立，博極群書，其學以存誠慎獨爲主。登隆興癸未進士。

余公大雅，字正叔，順昌人。父良弼，博學明經，爲政知大體，每以教化爲先，聚書數萬卷，官廣西經略。公與同郡游敬仲同時從朱子游，朱子每告以簡約切實工夫，而要其歸於求放心。有《朱子語録》一卷。弟大猷，字方叔，亦從朱子學，朱子稱其見理穩實。

童公伯羽，字蜚卿，甌寧人。入雲谷，師事朱子，充然有得。時學禁方厲，遂閉户不出，讀書樓上。朱子嘗造訪之，名其樓曰「醉經」，堂曰「敬義」。由是蜚卿以道自任，日以敬義之道化行鄉里，趨向彌衆，時人稱敬義先生。著《四書集成》、《孝經衍義》、❶《群訓解》、《晦菴語録》。

江公默，字德功，崇安人。祖灝，歷知郴、象二州，郡民繪像祠之。以廉吏薦，進朝散大夫。公登乾道己丑進士，調安溪尉。丁外艱，歸詣武夷，從朱子講學，因携所著《易訓解》、《四書訓詁》以質。朱子曰：「此先聖未發精奥也。」每以一意經史，無他嗜好，德行君子稱之。嘗輯本朝典故，撰爲《綱策》，上於朝，略云：「伊尹告大甲，上述成湯之事，周公弼成王，近陳文武之謨，敢獻一得之愚，用衍萬年之慶。」孝宗降璽褒美，賜緋魚袋。後歷宰光澤、建寧，皆有異政。卒於官，邑人祠之。弟點，爲郢州録參，有聲。從子塤。

塤，字叔文。貌肅氣和，學於真西山。嘉定元年進士，歷官靖州通判，以廉白簡易稱。遷知南平軍，綏御有法，四境帖然。嘗條奏五事，皆熟察民隱。帥臣上績，改知開州。未任，卒。公自幼至老，惟事問學，在靖州日，魏公了翁以言事謫至，築鶴山書院居之。茆簷竹几間，青燈濁酒，旦夕談論，令其子鉌師事焉。魏公稱之曰：「叔文表裏如一，當於古人中求之。」子鐩，字華叔，篤學有志操，歷官臨安判。鎔，字成叔，穎敏特立，歷官知福清縣，各有政聲。鉌，字貴叔，聰敏絶人，十歲應童子科，賦並蒂梅，聞者嘆服。高卧廬山，講

❶「孝」，原作「學」，今據同治本改。

明正學。

楊公履正，字子順，晉江人。從朱子學，朱子云：「至之粗躁，不如子順細密，然此等處卻似打得過，正好相切磋也。」有生徒數百人。

葉公味道，初名賀，以字行，更字知道。其先括蒼人，後居建陽。與弟任道俱師事朱子，試禮部第一。僞學禁行，公對策率本程氏，知舉胡紘曰：「必僞徒也。」遂落第，復從朱子於武彝山。學禁開，登嘉定庚辰進士，除鄂州教授。理宗訪問朱子門人及所著書，部使者以公聞，差主管三省架閣文字。遷宗學諭，輪對言：「人主務學，天下之福也。必堅志氣以守之，謹幾微以驗之，正綱常以勵之，用忠言以充之。」至口奏，又述帝王傳心之要與四代作歌作銘之旨。授太學博士，兼崇政殿説書。故事，説書之職，止講《通鑑》，公請先《論語》，從之。帝忽問鬼神，疑伯有之事涉誕。公對曰：「伯有得罪而死，其氣不散，爲妖爲厲，國人爲之不寧。子産立子洩以奉其後，寧神之義也。」三京用師，廷臣邊闖交進機會之説，公言：「開邊浸闊，應援倍難，科配日繁，餽餉日迫，民不堪命，龐勛、黄巢之禍立見。」時稱見微慮遠。凡經筵奏事，無不開導引翼，求切君身，推致於治道。遷秘書著作郎。卒，帝聞訃震悼，出内帑銀帛賻喪，謚文修，升一官，故事未有也。與蔡仲默、黄惠卿、劉韜仲、童伯羽、真西山、張洽諸君子友善。著有《四書説》、《大學講義》、《易會通》、《祭法宗廟享郊社外傳》、《經筵口奏故事講義》。子采。

采，字仲圭。少從蔡節齋、李果齋學。嘗居武彝書堂，遊玩賦詩，陳安卿以好躐高妙屢砭之，遂循序就實，搆漁隱精舍，問學日進。淳祐初登進士第，授邵武尉。歷景獻府教授，遷秘書監，論郡守貪刻，遷樞密檢討。知邵武軍，作郡乘，築祠郡泮以祀朱子。復置田若干頃，祀朱子於光澤，以果齋配。累官翰林侍講，乞歸。所著《近思録》，嘗以進呈，理宗稱善。又著《集解西銘性理》等書。

陳公易，字俊之，永春人。從朱子游，朱子嘗稱公及陳安卿爲學頗得蹊徑次第，學者争歸講授。先時，郡士專經，老泥章句，自朱子導其源，公及陳安卿、蔡廷傑濬其流，由是濂、洛、關、閩之書家誦人習云。居喪參酌古禮，不用浮屠。著《語》、《孟》解。

傅公伯成，字景初，晉江人。父自得，字安道，歷官兩浙西路提點刑獄，所至有聲。文詞敏妙，朱子愛重之。兄伯壽，端明殿學士，簽書樞密院，議宗廟大禮，援據敷折，出入經史。公與兄俱登隆興癸未第，爲連江尉，疏築水利。復試中教官科，除明州教授，遷太府寺丞。進言吕祖儉不當以上書貶，朱子不當目爲僞學。出知漳州，以律己愛民爲本，體朱子之意而推行之。遷工部侍郎，因相府災陳三事：一曰失人心，二曰隳軍政，三曰啓邊釁，言甚痛切。歷左諫議大夫，在職五十日，抗疏十三，皆軍國大議。史彌遠欲引以共政，公不可，出知建昌。進寶謨閣直學士，致仕。理宗即位，陞直學士，子祠。公辭免，乃進昭明天常，扶持人極之說。寶慶間，以先朝元老召知至龍圖閣學士，提舉鴻慶觀，復辭。卒，年八十四，贈開府儀同三司，謚忠簡。

公純實無妄，表裏洞達，樂稱人善，語及奸邪則詞色俱厲。執經朱子之門，真文忠謂：「伊、洛源流之正悉萃於此。」子壅、康。壅，知漳州，能行父政。康，知南劍，創祠堂，祀濂、洛、關、閩十二賢。

任公希夷，字伯起，其先眉州人，居邵武。刻意問學，爲文精苦。弱冠登淳熙二年進士，除浦城簿，再調蕭山丞。開禧初，爲太常寺主簿，奏修紹熙以來禮書，遷禮部尚書，兼給事中。周、張、二程賜謚，皆其所請。進端明殿學士，簽樞密院事，兼權知參政事，尋提舉臨安洞霄宫。卒贈少師，謚宣獻。公少從朱子遊，稱其有志於學，及守官不苟，嘆曰：「開濟士也。」著《經解》、《經筵故事》、《奏議》、《表箋》、《内外制集》。

熊公以寧。從朱子遊。淳熙五年進士，授光澤簿。剛直正大，一介不妄取予。嘗曰：「學顔子之學，志伊尹之志，分内事也。」有《大學釋義》、《中庸讀説》行世。

吴公壽昌，字太年，邵武人。初謁佛者踈山，喜談禪，後從朱子學。著《問答略》。嘗論張南軒則曰：「是非壽昌所知。」論吕東萊則曰：「博學多識則有之，守約恐未也。」朱子深然之。

陳公齊仲，同安人。從朱子遊，朱子勉其務實。

鄭公昭先，字景紹，閩縣人。由進士除浦城簿，自以未嘗學問，往受業於朱子。遷知歸安，邑民愛之。累官諫議大夫，知樞密院事，進右丞相，辭不拜。立朝累有奏疏，言皆切直。居政府，用沉厚鎮浮，用静定制變，全護人才，振拔淹滯。嘗謂：「人臣能以文王事紂之心爲心，則未有不可事之君，人子能以七子事母之心爲心，則未有不可事之親。」卒謚文靖。有《日湖遺稿》五十卷，真西山《序》：「其文章不事刻畫，❶而尃腴豐衍，似其爲人。」又稱其「書無不讀，而尤喜聞義理之説」。

鄭公性之，字信之，候官人。弱冠從朱子學，嘉定元年進士第一，授平江軍節度判官，再除秘書正字。輪對，乞明國論，强國勢，勵節誼，專大帥之權，久邊守之任，至萬餘言。累遷知袁州，召入，言：「執政出一言，侍從之臣有忠憤不然者立中傷之，此非國家之福。」時東宫虚位，乞早定大計，寧宗嘉其請。歷知建寧府，端平元年召爲吏部侍郎，入對，言：「陛下近者大開言路，諸臣誰不欲言？言不激切，何能感動？譬如積水，久壅一決，其勢必盛，其聲必激。故言者多則易於取厭，言之激則難於樂受，若少有厭倦，動於詞色，則讒諂乘間，或不自知。」擢左諫議大夫，言：「臺臣交章互詆，願陛下公以處之。若有關國體，有補治道，雖激何傷？」拜端明殿學士，累知樞密院事、參知政事，致仕。公所至，爲民去害興利，尤務崇化厚俗。處父子骨肉争訟，輒啟沃諄切，不事刑威。立朝正直忠厚，無所附麗。有《端平奏議》及與陳均同修《宋編年備要》

❶「文章」，原脱，今據《閩中理學淵源考》補。

行世。

楊公仕訓，字尹叔，漳浦人。朱子守漳，興學校，明禮義，以教其郡之士，擇士之志於學者，置賓賢館以處之。公年最少，在選中，獨能醇静敏警，體聖賢遺書而躬行之，朱子稱其學已知方。慶元二年，登進士第，調古田尉，再調海陽丞。政尚寬和，民有訟者，以禮義曉譬，多釋争而去。遷永福令，推誠待物，留意興學，人士多頌其德。湖廣總領請於朝，願得廉静吏董軍餉，遂監鄂州糧料院，至舉荆襄兩路軍儲以屬。公慨然任責，上下相慶爲得人。未踰月卒，友人黄勉齋、陳安卿深痛之。歸葬官坡，勉齋爲銘其墓。公父成大舉鄉貢，早殁，公事母至孝。比死，喪葬盡禮，廬墓三年，哀毁慘怛，鬚髮爲白。初，建陽游九思亦嘗尉古田，公文行政事與相伯仲，九思常稱之。弟士謹，舉進士，有聲。

林公湜，字正甫，長溪人。紹興庚辰進士，歷知晉江縣。適造戰艦，不忍斂民，諸番義之，助其役。判南劍州，太守議官自賣酒，公力争不可。守自奏，朝廷視無通判署，疑之，奏遂格。除監察御史，言：「陛下托股肱於宰執，而所授皆小人，寄耳目於臺諫，而彈擊皆君子。治亂之大無過于是。」爲殿試詳定官，某士對策剴切，公擬第一，朝廷不用。出爲江西轉運判官，歲減各郡無名之征數萬緡，而漕計不虧。歷太府司農卿，充使金國。金人賜以服，公揮擲之，且誓以死，金人不能屈。復命，寧宗迎，謂曰：「卿守禮甚堅，國體不失。」力請外，除湖北轉運副使，進直龍圖閣，致仕。朱子被斥，士皆遠嫌，公執弟子禮不變，未殁前數月猶馳書問疑義。著《槃隱集》。

葉公武子，字成之，邵武人。初游鄉學，學《周禮》於永嘉徐元德。既與李果齋友，同受業於朱子。後補太學生，時議函韓侂胄首和虜，公曰：「奸臣首不足惜，如國體何？」率同舍力爭。嘉定七年登第，注岳州教授，有貧而母老者，名在其下，亟遜之。久之，授郴州，累陞知處州，奏除苛取之弊。有寇犯境，發兵捕之。里執讐民以歸，公詢實，得三人斬殉，餘皆釋放。因節公帑雜費，奏蠲額外科斂。入爲宗學博士，以福建保長催科害民，陛對論罷之。請老歸，進直寶謨閣，奉祠致仕。淳祐間，嘉其恬退，降詔褒美，進祕閣修撰，卒。公之學所得於《易》爲多，其言曰：「《易》道莫大于時，時有二義，有在外之時，有在我之時。士君子出處須先論在我之時，然後論在外之時。」嘗戒子弟，謂身後無作行狀銘誌。惟劉克莊誌吴炎墓，❶稱炎與公皆古君子。

傅公誠，字至叔，仙遊人。家世多居顯秩。公從朱子學，嘗云：「伊、洛諸公字説得不恁分曉，至朱先生而後大明。」所與交游皆讀書清介之士。登淳熙二年進士，調永福尉，力辨陳介珪之冤，與上官忤，求去。介珪卒遷太常博士。時真西山爲正字，每數日輒相過，論古今事。寧宗朝輪對，言甚剴切。子彦卿，博學，夭

❶「莊」，原作「壯」，今據《閩中理學淵源考》改。

死，哭之傷性。一日對上，忽隕殿下，縉紳悼惜之。

石公洪慶，字子餘，臨漳人。與同郡施公允壽字伯和先後爲本州學正，朱子守漳日，復並延至學，稱二人者，「以耆艾之年進學不倦，强毅方正，衆所嚴憚」。

李公唐咨，字堯卿，臨漳進士。朱子守漳日，與同郡貢士林公易簡字一之並延至學宫，爲諸士楷式，稱二人者，「或究索淵微，或持循雅飭，察其言行，久益可觀」。

張公彦清，字叔澄，浦城人。紹熙元年進士，歷知慶元縣。初從朱子游，得其大旨，後與李公吕質疑辨惑，造詣益深。其爲人以孝友忠信爲本根，潔廉勁挺爲質幹。親早殁，終其身不茹甘，不服美。有姊未嫁，捐所有資之，一簪不留。少從徐翙學，翙欲妻以女，未及嫁而翙死。既與薦，有富室將女之，公曰：「忍負徐公乎？」仕雖久，家無旬月儲，歲莫貧迫，里人欲餉之，卒不受。嘗被檄試士三山，僞學方諱，同列以是發策，士子希主司意，争詆先儒，公獨取持議不阿者。被檄鞫汀州疑獄，將至，微服徒行，得其寃狀，破械釋之，衆不以爲然。未幾而真殺人者獲于他邑，公亦絶口弗言。吉安峒蠻竊發，公聚兵防之。俄傳夜至，同僚懷印欲遁，公肩輿秉炬，戒居民勿動。賊知有備，亦竟不前。郡檄行視永新，既至，見饑民纍纍，請加賑恤，未報。復命督其租，公嘆曰：「此豈催科時耶？」臨川有囚甚黠，久不能决，公平心淑問，竟伏辜。及至慶元，則已目眚，然每聽訟，則呼兩造至前語之，人人皆吐實。以疾主管台州崇道觀。

李公宗思，字伯諫，建安人。從朱子學，朱子稱其教深好修，篤志問學。登隆興元年進士，爲蘄州教授，專以古人爲己之學教人。

劉公剛中，字德言，光澤人。從朱子游，築室名琴軒，學者從之甚衆。所著有《師友問答》。官縣丞。

饒公幹，字廷老，邵武人。自幼孝謹篤學，登淳熙二年進士，調吉水尉，轉長沙。適朱子爲守，登其門，夙興治事，暇入聽講，後知懷安軍。卒，有爲之銘曰：「能琢磨而器吾之玉乎，則心皇皇如不足。能烜赫而丹吾之轂乎，則足縮縮如不欲。故樂也不加若性，而污也不懼其辱。是謂善學朱氏者，蓋不惟其名，而實之篤。」時有同郡俞聞中者，字夢達，亦從朱子學。

葉公寅，字直翁，邵武人。少時飄蕩豪爽，莆田方士繇語之曰：「以子之才雋，何善不可爲，乃甘心里巷耶？」公感泣，奮勵修飭，登朱門，問學精詣，言行準繩，人敬嘆之。

梁公琢，字文叔，邵武人。從朱子學，刻志勵行，所論爲學工夫及體氣魂魄鬼神之説，朱子多許可之。

又輯《朱子語録》、《澹臺石刻》。

馮公允中，字作肅，邵武人。從朱子學，朱子名其齋曰「見齋」。所論懲創後生妄作之弊，朱子善之。又云：「情本於性，故與性對，心則有知覺而能爲之統御者也。未動而無以統之，則空寂而已，已動而無以統之，則放肆而已。」朱子深以爲然。

林公得遇，字若時，仙遊人。稟質遲鈍，一日發憤，鬻産裹糧，走武彝山中，就學朱子。朱子令讀《論語集註》，久之有悟，暢所欲言。家居，與貫齋陳沂相友善。

龔公郯，字墨伯，寧德人。嘉定十三年，特奏名。曾祖允昌，祖必俞，俱稱善士，家訓以反身修德爲主。公克世其家，先從朱子學，晚與同門友楊志仁論理氣先後之説，尤有造詣。自號南峰居士。

葉公文炳，字晦叔，建安人。淳熙十一年進士，調晉江簿。遲次家居，致書請益於朱子。及至官，朱子告以居官臨民之法。時顔師魯爲守，咨以決事。汀州豪民相讐敵，公奉檄撫諭，諸豪皆伏。攝獄攝舶，拒絶苞苴。調劍浦令，改閩縣丞。未上，丁内艱。服闋，調筠州録參，言獄事至重，當顧是非，不可徇喜怒。獄有巨援，必争守入之，守有所欲入，公故緩其事，待其自覺，守用愧服。邊事作，調兵於州。營卒憚行，遂至洶洶，公諭以大義，使奮前戮力。後白州賞之，皆聽命。改知仙游，決累年滯訟，出死獄。增廩養士，祀故相葉正簡於學。勸立義役，均産通差。富室有不便於民者，聞部使者窮治之。每與同官語曰：「貪污自多欲尚侈始，小官俸廩幾何，百爾皆欲如意，不受賂，安從得？清心寡欲，正本澄源，乃吾儒功力。」秩滿造朝，有旨，許曾作縣人言事，公條陳便宜三事。通判和州，以父喪未任，卒。

趙公善佐，❶字佐卿，邵武人。受學張敬夫，又從朱子遊。以宗室子試，授將樂丞，累知泰州、❷常德、贛州，奉法愛民，以勤儉自約飭。在贛逾年，卒，民哀思之。著《易疑問答》。

丁公堯，字復之，崇安人。從朱子游，篤厚慈良，有志爲己之學，與蔡季通友善。早卒，朱子誌其墓。

鄭公師孟，字齊卿，寧德人。家貧力學，六經註疏手自抄録。受業朱子之門，嘗著《洪範講義》以發明朱子《皇極辨》之藴。號存齋先生。

❶「佐」，原脱，今據同治本補。
❷「泰」，原作「秦」，今據同治本改。

林公謩，字丕顯，連江人。始與吕東萊師事林之奇，爲同舍生，而年又長於東萊，及東萊講學授徒，公竟屈首受業。東萊曰：「此閩中瑞物也。」後參謁朱子，以乏資且老，不得時見。聞鄉人有從朱子學者，輙造門扣問，無論晚輩。郡文學以禮延致之，數日而歸，曰：「向者違親而赴金華，爲道故也。今又安能舍親爲人耶？」凡訓誨諸生，必舉其立志用力者勉焉。

方公士繇，字伯謨，一字伯休，莆田人。早孤，奉母居邵武，以孝謹稱。及冠，居崇安籍溪，師事朱子，專以傳道爲志。六經皆通，尤長于《易》。聰明絶人，持以謙厚，氣貌蕭踈，驟見超然如不可親，徐即之，温温君子也。父德亨，工文詞，豪邁警絶，不可追及，而公之作閒淡簡遠，一唱三嘆，世莫能優劣也。書自篆籀、分隸、行草諸體，皆極其妙。善治疾，能決死生。紹興間，朱子門人有至行在者，公卿延致恐後，公聞之嘆曰：「異時必爲學禍。」又嘗勸朱子少著書，以教人讀《集註》爲未妥，未幾果有僞學之禁。有遺稿數百篇及各書集。

方公大壯，字履之，莆田人。不事塲屋，專心求道。朱子至莆，舉所學就正，日與同志講論。性至孝，執父喪，三年不出户。臨殁，戒治喪無用浮屠，衣冠束帶而逝，稱履齋先生。兄子符，字子約，第慶元進士，亦受學於朱子。

林公憲卿，字公度，懷安人。從朱子游，朱子稱其忠信，勉以學問。朱子没，嗜學益篤。爲人色温氣和，擇言謹行，鄉里化之。死，無子，鄉人即其所創存齋祠之。其徒吴宗萬、林士蒙，皆知名。

鄭公文遹，字成叔，閩縣人。嘉泰甲子貢士，聞勉齋得朱子之學，往師之。既與俱登朱子之門，朱子命編次《喪禮》，嘗觀周子《太極圖》而悟性善之旨。著有《易學啓蒙或問》、《春秋集解》、《喪禮長編》、《庸齋集》等書。

葉公湜，字子是，甌寧人。慶元五年進士，壯歲游朱子之門，得直養之説。以父任調新化簿，内艱。服闋，應江淮帥府辟，以論軍事不合去。爲寧都尉，改惠安丞。時真文忠守泉，嘗言僚屬之賢者數人，惟公堅彊介直，遇事無難意，處劇無倦容，相得甚懽。終安仁令。爲人磊落明白，無所回隱，每自謂平生與賓客言者皆可語妻子。

陳公範，字調弼，崇安人。從朱子學，登嘉定七年進士，調婺源尉。有大辟，令佐受賂結正，❶吏請書

❶「結」，《萬姓統譜》作「紿」。

獄。公嘆曰：「人命如是輕乎？吾當力争。」後發覺，令佐坐削。❶秩滿，遷崇仁丞。令羅必元，豫章先生後也。見而敬之，日與講論，政化大行。一日疾作，曰：「不可尸素。」解官歸。

陳公總龜，字朝瑞，建陽人。居與朱子鄰，壯老相從。於學無不貫通，朱子嘗與書勉之，問答不下百餘章。舉紹熙四年進士，授永豐縣尉。未赴，卒。著《論語解》、《大學儒行編》。

❶「令」，原作「正」，今據《萬姓統譜》改。

道南源委卷之四

儀封張伯行孝先甫重訂
受業羅源陳紹濂校

宋

李公東，字子賢，邵武人。族祖綱，字伯紀，觀文殿大學士，負天下之望，以一身用舍爲社稷安危，忠誠義氣，凜然動遠邇。宋使至燕山，金人必問公及趙鼎安否。卒贈少師，謚忠定。著《易傳内外篇》、《論語詳説》、《靖康傳信録》、《奉迎録》、《建炎時政記》、《建炎進退志》、《建炎制誥表》、《劄集》，又有文章、歌詩、奏議百餘卷。公受業朱子，紹興元年登進士第，除廬陵簿。秩滿，周必大餞以詩云：「地跨江南秀氣兼，玉成界尺直方廉。」遷知萬安縣。黄勉齋稱其精敏，薦於漕使。

鄧公邦老，以字行，將樂人。朱子門人。陳公宓守延日，以公道德隆重，而且耆年，延入書院。

翁公易，字粹翁，崇安人。通六經，尤長《春秋》。嘗與計偕，❶從劉爚晦仲遊，因得登朱子、蔡西山之門。遂不介心青紫，講明奥義，往反辨難，悉得旨歸。晚歲授徒竹林精舍，稱竹林先生。子甫，歷官府縣，有政聲。

鄧公絅，字衛老，將樂人。疑即邦老之兄弟也，亦朱子門人。著有《近思録問答》。

黄公謙，南安人。父命入郡學習舉業，而公徑來受學於朱子，朱子曰：「舉業看書，❷自不相妨。」

祝公穆，字和甫。其先新安人。曾祖士，字確歙，朱子外祖也。父康國，始從朱子居崇安。公少名丙，與弟癸同事朱子，遂以儒名。性温行淳，文章富贍，嘗著《事文類聚》、《方輿勝覽》。諸司宰執程元鳳、蔡杭薦其賢，兼録所著書以進，除迪功郎。子洙。

洙，景定中爲興化軍涵江書院山長。舊在家庭，講論精密，比來涵江，闡揚師訓，發明經旨。知軍徐直諒薦其學行於朝，方欲擢用，竟拂衣歸。

---

❶ 「偕」，原作「階」，今據《閩書》卷一二八《英舊志》改。

❷ 「舉」，原作「學」，今據《朱子語類》改。

呂公勝己，字季克。其先建陽人。父尚書祉既死義，勅葬邵武之樵嵐，因家焉。從朱子及張南軒遊，朱子爲和《東堂九咏詩》。嘗貽以書，有「道學不明，異端競起」之嘆。工隸書，得漢法。仕湖南幹官，歷倅江州，知杭州，官至朝請大夫。自號渭川居士。

余公元，一字景思，仙遊人。娶黄勉齋妹，因得受業朱子。淳熙五年，與弟宗龜同登進士，除知同安。政尚清嚴，終池州通判。

熊公節，字端操，建陽人。朱子門人。十歲讀《易》，日誦二卦，即知問難，至通曉而後止。慶元五年進士，廷對，條陳三德。累官通直郎，致仕。有《中庸解》三卷、《智仁稿》十卷，又有《性理羣書》。

詹公淵，字景憲，崇安人。朱子門人。登慶元五年進士，調臨江户曹掾。數十年滯牘，一閲得情，凡所予奪，人無異論。部使者檄致幕府，於是環十一郡之民有求質者，皆請屬公。因爲語曰：「寧不詹寬，不願他官。」後監行在車輅院。

吴公英，字茂實，邵武人。從朱子學，有《論語問答略》。登紹興三十年進士，仕至泉州路教授。

劉公子環，字圻父，建陽人。登朱子之門。嘉定十年進士，官至觀文殿學士。有詩名，自號篁嵲翁，劉克莊爲序其集。

魏公椿，字元壽，建陽人。從朱子游，有《戊申語録》。

周公明作，字元興，建陽人。從朱子游，有《壬子問答語録》。

游公倪，字和之，建安人。從朱子游，所著有《癸丑問答》。

吴公稚，字和中，一作仲。建陽人。從朱子游，所録有《朱子問答》。朱子卜居考亭，鄉人作聚星亭，欲畫荀、陳遺事於屏，無從得本。公考究車服制度，時稱博雅。

俞公聞中，字夢達，邵武人。從朱子學。登淳熙八年進士，累知黎州，悉意撫字，黎民感德。

劉公鏡，字叔光，惠安人。與楊至、陳易、楊履正俱游朱門，稱高弟。

丘公珏，字玉父，邵武人。從朱子學，有《主敬問答》。學禁嚴，遂謝塲屋。

林公巒，泉州人。朱子門人，能推所聞以講學閭里。

上官公謐，字安國，邵武人。朱子門人。以祖蔭授會昌東尉，調永州推官，簡易不深刻，永人懷之。遷四會令。

黃公孝恭，字令裕，邵武人。從朱子學，治家嚴整，論著確實。

許公儉，字幼度，閩清人。朱子門人。三世同居，庭無間言，丞相鄭性之名其堂曰「孝友」，林羽爲記。

陳公駿，字敏仲，寧德人。游朱子之門，爲鄭師孟諸賢所宗。乾道五年進士，除大冶丞。所著有《論語》、《孟子》筆義，又著《毛詩筆義》，未就而卒，稱仁齋先生。子成父，字美玉，能守家學，以立誠爲本，行己皆有法度。著《近思録》、《律曆志解》、《默齋集》、《和稼軒詞》。

黄公榦，字尚質，長溪人。師事朱子，著述甚富，餘干饒魯、寧德李鑑皆師之。所著有《誨鑑語》、《五經講義》、《四書紀聞》。官至直學士。

曾公逢震，字誠叟，閩縣人。耻爲塲屋之文，與林性之俱從朱子學。胸中渙然，洞見道體，經史百家無不窺究。隱居道山，家事有無不問也。嘗自編録其詩文，名《林醜鏡》。

程公若中，字寶石，古田人。從朱子學，躬行無僞，禮度不違。子孫侍側，雖盛暑，衣冠肅然。著有《槃澗集》。後登嘉定十六年特奏名。

蔣公康國，字彦禮，古田人。登紹興二十七年進士，官饒州司法。嘗從朱子講學，朱子《楚辭集解》多資之，學者稱鼎山先生。

陳公宋霖，字元雩，一字元滂，長樂人。登紹興五年進士。知同安日，適朱子爲簿，日與講明經義。後陞秘監，書問往來不絶。孫枅，字自修，受業朱子之門。當時爲朱子所友者，又有古田程伯榮、沈有開、傅子淵。

黄公仲本，邵武人。從朱子學，嘗作《朋友説》，朱子爲跋。

朱公飛卿，漳州人。受業於朱子，自言窮理而事物紛紜，未能灑落處，惟見得富貴果不可求，貧賤果不可逃耳。《大全集》載其問答甚多。

黄公學皋，字習之，龍溪人。博通經史，尤長於《詩》、《書》、《春秋》。朱子守漳時，公與同郡宋公聞禮稺年輪講。先以特奏名薦，入試南宫，策問三舍法弊，公舉伊川請改試爲課及制尊賢堂、待賓齋以答。主司曰："此必僞學徒也。"黜之。後登嘉定十六年進士，調番禺簿，趙帥師楷每事必咨決，而丞相崔與之、時料院虞衡，尤所器重。陞鄱陽丞，待制李性傳延入郡齋，❶校勘《朱子續語録》，因薦之。調泉州察推，需次于家。郡守方耒屈居學職，哀《論》、《孟》義利數章，辨析界限，以訓後進。比至泉，以廉稱。著《評古》一册。

方公耒，字耕道，别號困齋，莆田人。少孤力學，家貧奉母。師事朱子於建安，朱子稱其明敏强毅，進學不倦。乾道中登第，調善化尉。往謁張南軒，南軒深喜之，謂其可以共死生，同禍福。後南軒帥荆南，辟公及游公九言爲屬，曰："是二人者，能攻吾過。"公感激知己，遇事無隱。終宣教郎，知連江縣。弟禾，從

❶ "待"，原作"侍"，今據《閩書》卷一一七《英舊志》改。

弟壬。

禾字耕叟。受業朱子之門，朱子告以改過修己之方，莫切於《論語》「弟子入則孝」一章，遂佩服不倦。著《大學講義》。

壬，字若水。淳熙中游太學，謁朱子，以進退之説爲請。十四年登第，除長泰簿。會朱子守漳，請主學事，公上講説、課試、差補等十事，朱子命屬邑皆倣之。龍岩有蠻卒殺人，❶獄吏逼同行者誣伏，漳浦有僧死於非命，鞫驗者皆曰飲鴆，公閲實抵罪。朱子稱其能使無罪者不冤，有罪者莫逃。除寧鄉縣，未上，卒。公性孝友，與弟申終始無間，家人議析産分籍，❷各流涕而不忍觀云。

張公巽，字子文，一字深道，惠安人。五代漳州刺史清溪之裔。父寓知臨江軍，與張南軒共學，淳熙中遣公從南軒于長沙。及歸，南軒贈以二詩，示爲學根本。杜門玩養，無有知者。時朱子之學盛行于泉，謂之清源別派，而劉叔光尤稱高弟。公間從之游，因得所聞于朱子者，心疑曰：「恐不止是。」乃走武夷，謁朱子，以嘗所與南軒講論中和之旨告之，曰：「此某與南軒晚年畫一功夫。」臨別又請，朱子曰：「南軒記嶽麓，某記石鼓，合而觀之，知所用力矣。」公退喜曰：「吾固知其不止此也。」既歸，日從事于涵養體察，久益明凈。或

---

❶ 「蠻」，原作「灣」，今據《閩中理學淵源考》改。

❷ 「析」，原作「折」，今據同治本改。

勸其著述，對曰：「尊所聞，則高明矣，行所知，則光大矣。」有草堂在錦溪上，稱錦溪先生。

附朱子門人無事實可考者共十九人。

張公顯父，字敬之，順昌人。

劉公炎，字潛夫，邵武人。

游公敬仲，字連叔，南劍人。

蕭公長夫，福州人。

饒公克明，邵武人。

黄公杲，字升卿，閩縣人。東之弟。

江公文卿，建陽人。

曹公晉叔，建安人。

朱公滚，仙遊人。

朱公魯叔，仙遊人。

王公春卿，建安人。

陳公士直，字彦志，閩清人。

傅公公弼，字夢良，莆田人。

林公仁實，永福人。

劉公瑾，建陽人。

程公深父，古田人。

魏公恪，字元作。

劉公子禮，建州人。

黄公謙，一作謙光。字德柄，邵武人。以上十九人皆爲高第。

劉公淮，字叔通，建陽人。博學能文，爲詩不事雕刻纂組，而平易從容，最有餘味。朱子嘗當風雪寒夜，擁爐讀公詩而跋之曰：「予見叔通詩多矣，獨不見此卷，豈予所好者乃叔通大不得意者耶？」吴稚作《感秋詩》，初發深省，其末寄意，欲逃之麴蘖之間，公以碩果不食者勵之。朱子曰：「如叔通可謂得朋友之職矣。」

陳公思謙，字退之，龍溪人。學問該博，教授後學，多所誘進。嘗冠鄉薦，著《春秋三傳會同》及《列國類編》，朱子喜之，爲語門人李公唐咨，以女妻焉。

林公之奇，字少穎，候官人。弱冠從吕本中學，將試禮部，行至衢中，以不得事親而反，學益力。登紹興辛未進士，歷官校書郎。朝廷欲令學者參用王安石《三經義説》，公言王氏《三經》率爲新法地，晉人以王、何清談罪深桀、紂，本朝靖康禍亂，考其端倪，王氏實負王、何之責，正所謂邪説淫辭之不可訓者。或傳金人將南侵，公作書抵當路，言金人知我重於和，常以虛聲喝我，而示我欲戰之意，非果欲戰，所以堅我和；我欲與和，宜無憚戰，使權在我。以痹疾乞外，由宗正丞提調閩舶參帥議，遂以祠禄家居，吕東萊往受學焉。有《尚書集解》、《春秋周禮論》、《論語講義》、《論語註》、《孟子講義》、《揚子解義》、《道山紀聞》、《拙齋集》行世。稱拙齋先生，謚文昭。從子子沖，字通卿，學問德業，有聲鄉里，從游者數百人。爲南豐簿，邑民交頌，太守陳岐請修禮樂。書成，周必大、楊萬里稱其精密。子耕，能傳家學。

李公樗，字若林，閩縣人。與林公之奇俱受業於吕公本中，後領鄉貢。其學以孝弟忠信、窮經博古爲主，及門之士皆渾厚質實，志尚修潔。黄勉齋稱之曰：「吾鄉儒學彬彬，以文詞行義爲後進宗師，若林其傑然者也。」著《毛詩解》，學者稱迂齋先生。

薛公舜俞，字欽父，同安人。紹熙元年進士，除南劍州教授。未上，三府交薦，差江西漕司幹官。堂審，除吏部架閣，以言者罷。起江東常平幹官，與其長李道傳賑荒，多全活。改知金華縣，守督宿逋苛峻，引誼力争，寬期示信，民悉樂輸。罷歸，卒。公問學淹貫，挾負才氣，里中教授，門人多通顯者。著有文集及《易抄》、《詩書指》行世。

李公亢宗，字子能，南安人。刻志問學，服習儉素，無纖毫華冑氣，朱子稱之。

黄公艾，字伯耆，莆田人。乾道八年廷對第二人。朱子知漳州，奏行經界，朝議未定。公言：「天下之大，公卿百官之衆，議一經界三年不成，若更有大事，將如之何。」乃詔行之。寧宗即位，爲右正言，兼侍講。及朱子罷講筵，公因進講問故，寧宗曰：「始除熹經筵耳，今乃事事欲聞。」公懇請再三，不聽。除中書舍人，改刑部侍郎，以待詔終。著《尚書講義》。

張公翰，字雲卿，别號坎翁，寧德人。以學行爲鄉先生，高頤、徐復皆其門弟也。登乾道二年進士，居官涖民，所至有聲，致政歸田。著《觀過録》三十四章。

楊公汝南，字彦侯，龍溪人。紹興十五年登進士，調贛州教授，改廣州。嘗掇《詩》、《春秋》、《中庸》要旨經説三十篇以授學者，仍表進于朝。祭酒楊椿覽之曰：「真師範也。」用薦，改知古田縣。修學舍，置學田，日謁學宫，考德勵業，士人德之。與郡人高公登、廬陵楊公萬里並以節義相砥。爲文語意清新，有騷人典則。自初仕即以廉平公勤自勵，故所至有聞。扁其堂曰「不欺」，自號「快然居士」。孫承祖，博學工文，歷知州縣，俱有政聲。

蕭公里，字元舉，龍溪人。力學好古，以《周禮》名家，經解授者多爲閩人。登慶元二年進士，任同安尉，一介不取。再調廣州教授，卒。漳浦楊尹叔銘其墓，稱其「與人交，上無諂，下無狎，嗜學如飢，赴義若渴」。

余公克濟，安溪人。慶元五年進士，爲侯官尉。有貴人求尉廨地及教場以益其宅，帥諾之，公奮臂力争。用薦知梅州，時州中盗發，或勸徐行，公曰：「不若乘其集而圖之。」單車就道。年八十，卒。其學邃於《春秋》，著《通解》十五卷。

蘇公竦，字廷儀，臨漳人。慶元五年進士，調肇慶府推幕，有聲。博通經史，玩心理學，集《先儒詩易二禮傳》，折衷己見。履行純篤，士流慕之，從游者數百人。

真先生名德秀，字景元。後更景希，浦城人。慶元五年進士，授南劍州判官。繼試，中博學宏詞，入閩帥幕。召爲太學正，嘉定元年遷博士。時韓侂胄已誅，入對，首言：「權臣開邊，南北塗炭，今兹繼好，豈非天下之福。抑善謀國者不觀敵情，觀吾政事。今號爲更紀，而無以使敵情之畏服，正恐彼資吾歲賂以厚其力，乘吾不備以長其謀。一日挑争端，而吾無以應，此有識所爲寒心。」又言：「侂胄倡爲僞學之論，今日改絃更張，正當褒崇名節，明示好尚。」召試學士院，改秘書省正字，兼檢討玉牒。二年，遷秘書郎，又言暴風、雨雹、熒惑、蝻蝗之變，皆贓吏所致。兼沂王府教授、學士院權直。三年，遷秘書郎。入對，乞開公道，窒旁蹊，以抑小人道長之漸，選良牧，勵戰士，以抑羣盜方張之鋭。四年，遷著作佐郎。宰相將用之，會見觝言官，遂力辭。兼禮部郎，歷遷起居舍人，奏：「權奸擅政，嘉泰之失已深于慶元，今欲與陛下言，在勤訪問、廣謀議、明黜陟三者而已。」又言鈔法、楮令之弊。兼太常少卿，充金國賀登位使。至盱眙，聞金人内變而還，言于朝曰：「臣自揚之楚，自楚之盱眙，沃壤無際，陂湖相連，民皆堅悍强忍。及今大修墾田之政，專爲一司以領之。數年之後，積儲充實，邊民父子争欲自保，因其什伍，勒以兵法，不待糧饟，皆爲精兵。」又舉邊防要事上言。時史彌遠以爵禄縻天下士，先生慨然謂劉晦伯曰：「吾徒須急引去，使廟堂知世亦有不肯爲從官之人。」遂力請外，出爲秘閣修撰、江東轉運副使。山東盜起，朝廷猶與金通聘，先生朝辭，奏：「國耻不可忘，鄰盜不可輕，幸安之謀不可恃，導諛之言不可聽，至公之論不可忽。」寧宗曰：「卿力有餘，到江東日爲朕撙節財計，以助邊用。」江東旱蝗，廣德、太平爲甚，先生遂與留守、憲司分所部九郡，大講荒政，而自領廣德、太平。親至廣德，與太守魏峴同以便宜發廪，使教授林庠賑給，竣事而還。百姓數千人送之郊外，❶指道旁叢塚泣曰：「此皆往歲餓死者，微公，我輩已相隨入此矣。」以右文殿修撰知泉州。泉通外國，自洋舶畏苛征，至者歲不三四，先生首寬之，驟增至三十六艘。輸租令民自概，聽訟惟揭示姓名，聽人自詣。海賊作亂，將逼城，官軍敗衄，先生祭死事者，親授方略，擒之。巡歷海濱，增屯要害，以備不虞。十二年，以集英殿修撰知隆興府。承寬弛之後，乃稍濟以嚴，尤留意軍政，以母憂歸。十五年，以寶謨閣待制、湖南安撫使知潭

❶「數」下，原無「千」字，今據《宋史》本傳補。

州，以「廉仁公勤」四字勵僚屬，以周濂溪、胡文定、朱考亭、張南軒學術源流勉其士。罷榷酤，除斛面米，申免和糴，立惠民倉、慈幼倉、社倉以賑其民。月試諸軍射，捐其回易之利及官田租，凡營中病者、死未葬者、孕者、嫁娶者，贍給有差。

理宗即位，召爲中書舍人，尋擢禮部侍郎直學士院。入見，奏：「三綱五常，扶持宇宙之棟幹，奠安生民之柱石。我朝立國，先正名分，陛下不幸處人倫之變，流聞四方，所損非淺。霅川之變，非濟王本志，前有避匿之跡，後聞討捕之謀，情狀本末，燭然可考。願討論雍熙追封秦邸故事，濟王未有子，亦惟陛下興滅繼絶。」理宗曰：「朝廷待濟王亦至矣。」先生曰：「人主當以二帝三王爲法，觀舜之所以處象，則陛下不及明甚。」理宗曰：「一時倉卒耳。」先生曰：「此已往之咎，惟願陛下知有此失，而益講學進德。」次言：「霅川之獄，未聞參聽于公朝，淮蜀二閫，乃出于僉論所期之外。天下之事，非一家之私，何惜不與衆共之？」且言：「今日士大夫餽賂公行，薰染成風，恬不知怪，忠亮敢言如陳宓、徐僑未蒙録用。」理宗問廉吏，先生以知袁州趙篋夫對，擢爲監司。具手劄入謝，因言崔與之帥蜀，楊長孺帥閩，皆有廉聲，乞廣加咨訪。理宗初御清暑殿，因侍經筵，進曰：「此高、孝二祖儲神燕閒之地，仰瞻楹桷，當如二祖實臨其上。惟學可以明此心，惟敬可以存此心，惟親君子可以維持此心。」因極陳古者居喪之法，與先帝視朝之勤。寧宗小祥，詔羣臣服純吉，先生爭之曰：「自漢文帝率情變古，惟我孝宗方衰服三年，朝衣朝冠，皆以大布。惜當時不并定臣下執喪之禮，此千載無窮之憾。孝宗崩，從臣羅點等議令羣臣易月之後，未釋衰服，惟朝會治事，權用黑帶公服，時序仍臨慰，至大祥始除。侂胄柄政，始以小祥從吉，且帶不以金，鞓不以紅，佩不以魚，鞍韉不以文繡。此于羣臣何損？朝儀何傷？」議遂格。先生屢進鯁言，理宗皆虚心開納，而彌遠益嚴憚之，謀所以相撼，畏公議未敢發。給事中王概、盛章始駁先生所主濟王贈典，繼而殿中侍御史莫澤劾之，遂以焕章閣待制提舉玉隆宫。諫議大夫朱端常又劾之，落職罷祠。監察御史梁成大又劾之，請加竄殛，理宗曰：「仲尼不爲已甚。」乃止。既歸，修《讀書記》，語門人曰：「此人君爲治之門，如有用我者，執此以往。」紹定四年，改職與祠。五年，進徽猷閣，再知泉州。迎者塞路深村，百歲老人亦扶杖出，城中歡聲動地。諸邑二税嘗豫借至六七年，先生入境，首禁之。諸邑有累月不解一錢者，郡計無出，或咎寬恤太驟，先生謂民困如此，寧身代其苦。決訟自卯至申未已，曰：「郡邑凋弊，僅有政平訟理可以惠民。」建炎初，置南外宗政司于泉中，公族僅三百人，漕司與本州給之，而朝廷歲助度牒。已而不復給，而增至二千三百餘人，郡坐是愈不可爲。先生請于朝，詔給度牒百道。彌遠薨，理宗親政，以顯謨閣待制知福州。戒所部無濫刑横斂，無徇私黷貨，罷市令司，曰：「物同則價同，寧有公私之異？」閩縣里正苦督賦，革之，屬縣苦糴，便宜發賑。海寇縱横，次第擒殄。召爲户部尚書，入見，理宗迎謂曰：「卿去國十年，每切思賢。」先生以《大學衍義》進，復陳祈天永命之説，謂敬者德之聚，儀狄之酒，南成之色，盤遊弋射之娱，禽獸狗馬之玩，有一于兹，皆足害敬。理宗欣然嘉納。改翰林院學士、知制誥，時政多所論建。踰年，知貢舉，已得疾，拜參知政事，同編修勑令、《經武要略》。三乞祠禄，理宗不得已，進資政殿學士，提舉萬壽觀，兼侍讀，辭。疾亟，冠帶起坐，迄謝事猶神爽不亂。遺表聞，理宗震悼，輟朝，贈銀青光禄大夫。

先生長身廣顙，容貌如玉，望之者無不以公輔期之。立朝不滿十年，奏疏凡數十萬言，皆切當世務。四方人士，誦其文，想見其風采。宦游所至，惠政深洽，不愧其言，由是中外交頌。都城人不時驚傳先生將至，傾擁出關，曰：「真直院至矣。」果至，則又填塞聚觀。時相益以此忌之，輒擯不用。自侂胄立僞學之名以錮善類，凡近世大儒之書顯被禁絶，先生晚出，獨慨然以斯文自任，講習服行。黨禁既開，而正學遂明于天下。所著《西山甲乙稿》、《對越甲乙集》、《經筵講義》、《端平廟議》、《翰林詞草四六》、《獻忠集》、《江東救荒録》、《清源雜志》、《星沙集志》。厥後理宗思念不置，謚曰文忠。明正統間，從祀孔廟。成化三年，追封浦城伯。皇朝康熙四十五年，准學臣沈涵之請，賜御書「力明正學」四大字匾于祠。

陳公經，字正甫，福安人。慶元五年進士，歷官奉議郎，泉州泊幹。癖嗜書史，啟益後學，沉潛多所著述。有《書解》五十卷及《詩講義》、《存齋語録》行世。

孫公調，字和卿，福寧州人。其學得朱子之傳，以排擯佛、老，推明聖經爲本。所著有《策府》五十卷，《易》《詩》《書》解、《中庸發題》共五十卷，《浩齋稿》三卷。學者稱龍坡先生。

張公泳，字潛夫，福安人。蚤志濂、洛之學，家居教授，門多顯達。慶元中，僞學禁興，大比試天下之言性論，有司讀其文，驚喜爲壓場。策問僞學，公抵排異端，力主朱子之傳。學者稱墨莊先生，著有《一得録》、《禮記遺説》、《左氏纂類會粹》、《古今事類》二百卷，集關、洛諸儒語爲《傳心直指》十卷，《四愚齋類稿》。

宋公聞禮，字叔履，龍溪人。登嘉泰二年進士，爲叙州教授，再調化州，知海陽縣。有《易》《禮記》《詩》解行世。

楊公景隆，字伯淳，晉江人。開禧元年進士，仕至建寧司法參軍。博學强識，講授經史，鈎深提要，生徒數百人。著《春秋漢唐通鑑》、《史志解》，學者傳之。

李公鑑，字汝明，寧德人。嘉定元年進士，歷官廣東提舉。初從王尚質、楊志仁游，得聞敬義之旨。歸與龔曇伯創六經講社，推明師説，誘掖後進。居官平易近民，尤曉兵事，常督捕贑寇，提兵深入梅州，擒殺陳、羅二賊。後梅寇猖獗，授以州符，賊憚公威名，遁去。及涖廣西，值西浙大饑，運米千艘以濟，全活甚衆。

鄭公思忱，字景千，安溪人。授《尚書》于西溪李季辨，解析精詣，生徒百數。嘉定三年，以詞賦領鄉薦第一，中第。爲新興令，除遺利錢三百萬。再知崇安縣，以譖左遷浦城丞。謁真文忠。與語，知其賢，言于太守，得復任。知南恩州，歷浙東參議。雷變，上封事，言士溺苞苴，習久難化，民坐困且盜，宜去貪恤人，節用蓄力。除監登聞鼓院，卒。公少年豪爽，晚而和粹，凝然有守，君子也。著《詩書釋》。

趙公以夫，字用甫，宋宗室，居長樂。嘉定間登進士，歷知漳州，有擒賊功。郡民苦丁錢，奏以廢寺租代輸。真西山上其事于朝，爲分符守土者法。知邵武軍，平下瞿賊及清溪蠻。嘉熙初，爲樞密副都承旨，會曆官言是歲日當食，公預奏修德以應之。拜同知樞密院事，請定儲本，上然之。終吏部尚書，兼侍讀。

徐公幾，字子與，崇安人。通經史，尤精于《易》。景定間，與何基同以布衣召，詔補迪功郎，添差建寧府教授，兼建安書院山長。撰《經解》以訓式多士，著《易義》。

林公維屏，字邦援，福寧州人。少從義豐游，通性理學而于《易》、《詩》、《書》尤有造詣。梁克家判福州，延禮郡庠，講道受業者一時雲集。所著有《易本論》、《六十四卦論》、《洪範》、《三頌》、《封建》、《藩鎮》、《五霸》、《春秋》等論，《韓柳辨疑》、語録諸書，學者稱榕臺先生。

王公模，字君定。與子萬章、宗望共執經于義豐之門。宗望，字希古，義豐稱其文似唐子西。學有源委，器數制度考校獨精。

洪公天錫，字君疇，晉江人。寶慶二年進士，歷官知古田，剖決無留案，誅倚王邸勢殺人者。判建寧郡，擅發常平倉賑饑。累遷拜監察御史，兼説書。時宦寺簸弄天綱，廟堂不敢言，公首疏，以正心格君爲説，且曰：「臣職在憲府，不惟不能奉承大臣風旨，亦不敢奉承陛下風旨。」一時聳動。繼又言古今爲天下患者三：宦官也，外戚也，小人也。因言供奉官董宋臣乃宦官之貪黠，將作監謝堂乃外戚之貪黠，知慶元府厲文翁乃小人之無忌憚。理宗力護文翁，又令大臣吴燧宣諭再三。公五上章，出關待罪。中書年子才等交章乞行其言，乃令謝堂自陳乞祠，除職與郡，宋臣自乞解罷，文翁别與州郡差遣，仍命吴燧勉回供職。會立夏日，天雨塵，上奏，乞屏絶私邪，休息土木，以弭天災，劾少監余作賓、后戚謝奕懋、都知盧允昇及董宋臣等不法。疏入，留中。翼日御筆除大理少卿，而公已去國矣。大學生池元堅上書，數二璫之罪，乞留天錫。既而三學亦皆有書，左史李昴英再有封事。越數日除公太常少卿，而公已在汶上矣。公雖去國，而終宋之世，閹人不敢竊弄主威者，皆其力也。景定辛酉，起廣東提點刑獄，五辭。明年，起知潭州，尊先賢，除宿寇，踰年大治。直寶謨閣，遷廣中轉運判官，決疑獄，劾貪吏，治財賦，皆有法。召爲秘書監，兼侍講，以瞶辭。陞秘閣修撰、福建轉運副使，又辭。度宗即位，以侍御史兼侍讀召，累辭，不許，乃疏所欲對病民五事：曰公田，曰關子，曰銀綱，曰鹽鈔，曰賦役。又言：「在廷無嚴憚之士，何以寢奸謀？遇事無敢諍之臣，何以臨大節？」進工部侍郎、加顯文閣待制、湖南安撫使，知漳州，皆力辭。又明年，改福建安撫使，力辭，不許。疏陳鹽户破家殞身之慘，乞罷茘支貢。召刑部尚書，詔憲守之臣趣行，不起。進顯文閣直學士、提舉太平興國宫，三降御札趣之，又力辭。踰年致仕，加端明殿學士，轉一官。疾革，草遺表以規君相。度宗震悼，特贈正議大夫，謚文毅。著有《奏議》、《經筵講義》、《通禮輯略》、《味言發墨》、《陽巖文集》。公在閭閻，嘗書桃符云：「生平要識瓊崖面，到此當堅鐵石心。」其剛義之氣如此。宋周密言：「近世之士，終始一節，明目張膽，言人所難者，惟温陵洪公一人。」

蕭公山，一名石，沙縣人。舉端平二年特科，仕長溪丞。性穎敏，於書無所不讀，究極義理精奥。所著有《讀詩傳》、《論語講説》、《讀易管見》。

黄公績，字德遠，莆田人。兄鎮，寶慶二年進士。公少凝重，稍長力學，慨然有求道之志。始游淮浙，遍參諸老，中年聞陳師復、潘瓜山得朱子之學于黄勉齋，遂歸事焉。集同志十餘人于陳氏仰止堂，旬日一講。及師復、瓜山繼卒，遂于望仙門外築東湖書堂，請田于官，春秋祀焉，聚講一如平時，而同門友皆于公乎質正矣。先是，郡守楊棟即學宫建尊德堂以處劉壽翁，劉卒，無敢居之者，邦人推公繼之。涵江書院始賜額，又以公兼其山長。晚聞趙與夫作《易通》，與之上下其議論，與夫稱爲益友。年七十一，卒。前夕有星殞于書樓之西，是日又大雷雨，衆皆驚異。蓋公雖布衣，爲鄉先生三十年，門人著籙牒以數十百計，郡邑守令咸加敬禮。兄弟皆與劉克莊善，克莊目兄曰愛友，公曰畏友。公有齋名「獨不懼」，克莊爲記。生平不喜吟咏，偶有感興，亦得風人之趣。著有《四書遺説》等書。子仲元。

仲元，字善甫。刻志讀濂、洛、關、閩之書，及其父所傳于潘、陳二師者。搜次唐、宋名文，凡二百四十二家，文學爲時推重。宋亡，更名淵，窮居怡然。有《經書講稿》、文集。門人鄭獻翁，字帝臣，亦莆田人。

黄公師雍，字子敬，閩清人。少從黄勉齋學，登寶慶二年進士，爲楚州官屬。李全反狀已露，公密結忠義軍别部都統時青圖之。謀泄，青被殺，公不爲動。秩滿，朝議褒異。以不往見史彌遠，調婺州教授。故慕徐僑之爲人，欲往謁之，會僑有召命，則不往。僑聞而賢之。至闕，以其學最聞，而李宗勉、趙必愿、趙汝談等亦先後交薦。丞相喬行簡許以朝除矣，公入見，勸其歸老，行簡不悦，遂出知龍溪。行簡罷，史嵩之繼相，遷糧料科，延至私室，謂曰：「糧科密邇相府，所以處君。」公不顧。故與博士劉應起相善，應起論嵩之，嵩之疑公左右之，諷御史梅杞彈公，差知邵武。久之，遷宗正簿，拜監察御史，首疏削金淵秩，再疏斥趙綸、項容孫、❶史肎之。❷嵩之終喪，理宗感悟，將以爲侍御史，丞相鄭清之沮之曰：「如此則臣不可留。」遷起居舍人，兼侍講，卒被劾罷。久之，以直寶文閣奉祀，起爲左史，改江西轉運使，遷禮部侍郎。命下，卒于江西官舍。爲人簡淡寡欲，靖厚有守，言若不出口。洞然晰邪正，博采公論。當官而行，愛護名節，無愧師友。

鄭公鼎新，字中實，仙遊人。登嘉定十六年進士，知晉江縣。建問政堂，輯《論語》書言政治者題于壁，建縣學孔子廟，闢尊道堂。真西山守泉，殊敬重之。尋判處州，監右藏東庫。遷國子書庫，授都大提管，卒。公少受業黄勉齋之門，而與楊復游。嘗考究禮書成編，名《禮學舉要》，又撰《禮學從宜集》。其卒也，遺命治

---

❶「容」，原作「客」，今據《宋史》本傳改。

❷「肎」，原作「宜」，今據《宋史》本傳改。

喪，一以《儀禮》從事。

林公以辨，字子泉，莆田人。祖應承，學於黄績，得潘瓜山、陳師復之傳。公與長子棟同登咸淳進士，歷官宗正寺簿，宣撫司機宜。博通群經，尤善説《詩》，究心程、朱之學。宋亡，不肯仕元。

謝公升賢，字景芳，仙遊人。少篤義理之學，登端平二年進士，官至興寧令。所著有《太極》、《西銘》説，《易通》、《學》、《庸》、《語》、《孟》解，大意皆推本朱子之書。嘗曰：「欲遡道之所出，以究其終，則必先三書而後四書，欲窮道之所入，而反其始，則必先四書而後三書。」

繆公烈，字允成，福安人。嗜學孝親，上舍省試皆第一，登嘉熙二年進士。添差福州教授，日率子弟講明正學，授撫漕侍郎。著《春秋講義》、《仲山集》。

吴公季子，字節卿，邵武人。篤學工文，登寶祐間進士第，官國子監丞。著《大學講義》。

林公存，字以道，閩縣人。受業真西山之門，舉嘉熙二年詞科，累官吏部侍郎，兼直學士院。時朝廷以參知政事蔡杭擅去國，勉留不還，詔除職子祠，奏寢其命。寶祐五年秋，明堂執綏備顧問，稱旨，除禮部尚書，提綱史事。累遷同知樞密院事，終湖南安撫使，知潭州。

熊公慶胄，字竹谷，建陽人。少受業于蔡公淵，後游真西山及劉公屋之門，潛心問學。所著有《三禮通議》、《春秋約説》、《中興三朝通略》，又有《學》、《庸》緒言、《心經集傳》、《詩小紀》、《史學提綱》、《敬思齋》、《直方齋》等編。

蔡公和，字廷傑，晉江人。以親老不能從朱子游，乃勉陳易往受業，自以書從易講質。喪祭酌古禮，鄉閭化之。陳北溪淳往來道泉，學者勉留講受，一時如同邑蘇思恭、王次傳、王雋、黄必昌，安溪鄭思忱、思永，惠安江與權，永春卓琮、黄以翼，皆從公及淳學。條理明備，講論平實，號爲紫陽别宗。居白石村，稱白石先生。著《易説》。

潘公武，字叔允，龍溪人。履行端方，于書無所不讀，與陳北溪爲道義交。以嘉定十三年特科兩任獄祠，循資至文林郎。邑弟子從游者甚衆，如趙希流、吴仲修者，皆名進士也。

王公雋，字迪父，晉江人。精敏絶人，館陳北溪于家，筆授《字義》行世。

陳公沂，字伯澡，莆田人。篤志朱子之學，徧參劉公爚、廖公德明、李公方子、楊公至諸先生之門，而終身卒業於陳北溪。❶

陳光祖，字世德，仙遊人。父吉老，通《春秋三傳》，學《孫吴兵法》，累有戰功，卒陷陣死，詔褒忠節。公以父蔭補官，德行政事，皆有尺律。知英德府，蠲上供泛輸。改邕州，恩信招來。有峒首李萬，久爲邊患，誘而擒之，衆皆帖息。事聞，除廣東提刑。作《欽恤編》以戒僚屬，新濂溪祠以崇教道，捐故錢三千緡以代給邕兵之廪，凡一切無名之征奏悉蠲除。積官朝奏郎。公嘗師事陳北溪，又受《書》、《易》于九峰兄弟，喪祭一遵朱子《家禮》。北溪名其室曰「貫齋」。

蘇公思恭，字欽甫，晉江人。祖尊己，以學行著於鄉。公嘉定戊辰禮部奏名，候廷對，聞朞戚亟歸，至辛未始賜第。常從陳北溪、蔡廷傑游，篤意朱學，踐履堅確。除興化軍教授，以禮義之實革詞藻之華，陳師復諸賢推重之。調韶州教授。有《省齋文稿》。

---

❶「溪」下，原衍「黄公必昌晉江人從陳北溪游著大學講稿登嘉定進士通判循州」二十六字，與下文「黄公必昌」條重出，今據同治本删。

陳公寶立，名植，以字行，漳浦人。祖景肅，有學行，師事高彦先，與同邑吴公大成同隱漸山石榴洞。登紹興二十一年進士，授仙遊令。薄賦輕徭，旌善伐惡，官至朝議大夫。著《禮疏》、《詩疏》及《石屏擷翠集》。公幼學於世父安卿，十八以祖澤補太學生，調龍溪令，轉漳州司理。淳祐四年登進士，提督嶺南海路兵馬。帝昺浮海，公提領海舟。見事危，斷維出港，自以六舟泊梅嶺，收亡命，馳檄諸蠻，圖立宋後。聞張公世傑覆舟，元人索捕急，遂變姓名，匿于大芹、白華、九侯間。臨終，命瘞海濱，南望崖山。弟格，爲海舟監簿，從容就死。

卓公琮，字廷瑞，永春人。從陳北溪游，嗜學堅苦，以積累成功。凡所講論，能暢北溪之旨。

江公與權，字亞良，惠安人。兩選鄉貢，與黄公以翼俱從蔡白石及陳北溪學，爲文古雅。

吴公采，字仲圭，邵武人。初從蔡節齋受《易》，已而往見陳北溪。北溪以其好躐高妙而少循序，痛砭之，自是屏斂鋒芒，漸趨著實。寶慶初爲秘書監，嘗論郡守貪利之害，上嘉納之。

蔡公逢甲，字國賢，臨漳人。曾祖溥，有孝行。祖仁傑，諫議大夫，守正不阿權貴。父希稷，兵部侍郎，居官廉慎。公受業陳安卿之門，嘗與安卿辨論《河圖》、《洛書》同異及《太極圖》、《西銘》之相發明處，安卿稱其有特見。登咸淳進士，詔主廣東漕舉。值宋亡，不肯仕元，自號棄夫，作悟道書院於玳瑁山下以終隱焉。時高其誼，謂之故宋使公。鍵户不出，臨殁自題墓碑曰：「前宋進士蔡逢甲墓。」著《使公講録》。明儒周公一陽評論同郡先輩，謂：「如公之孤標，去首陽不遠，而惜其沉冥草澤間，世莫有知者。」子自成，太學生，以學行名世。曾孫真富，以武功顯。

黄公以翼，字宗台，永春人。嘗受業陳北溪、蔡白石之門，莊毅有立，析理精詣，暮年記問益富。所著有《周易》、《禮》説。

黄公必昌，字京父，晉江人。登嘉定十年進士，除循州判。嘗從陳北溪受學，又切磋于陳師復、潘瓜山二賢。著有《中庸》、《大學》講稿。

吕公大圭，字圭叔，同安人。少師事陳北溪門人王昭復，得朱子道學之傳者。著《易管見》、《春秋或問》、《易經集解》。

熊公禾，字去非，號勿軒，一號退齋，建陽人。總角能文，志濂、洛、關、閩之學，訪朱子門人輔氏而從游焉。登咸熙十年進士，授寧武州司户參軍。入元不仕，束書入山，築洪源書堂，從學者累百。日以周、孔之說相磨礲，於朱子諸書是信是行。後歸故山，復創鼇峰書堂，以周、程、朱、張五賢爲道統正派，祀之以配先師，而邵、馬不與焉。初，謝疊山聞公名，自江右來訪。及會，共訴宋亡之恨，抱持而哭，因相與講論夫子之道。而胡公庭芳素明《易》學，亦自江西挾道相訪，相講切者十有七年。嘗謂：「秦、漢以下，天下所以無善治者，儒者無正學也。儒者所以無正學者，六經無完書也。考亭朱子集正大成，生平精力在《易》、四書，《詩》、《書》、《儀禮》僅完書，開端而未及竟，雖九峰蔡氏猶未大暢厥旨。《三禮》雖有《通解》，缺而未補尚多，至勉齋黄氏、信齋楊氏粗完《喪》、《祭》二書，❶而授受損益精意，竟無能續。若《春秋》則不過發其大義而已。兵難之餘，學徒解散，文集燬亡。蚤歲成《春秋通解》一書，又厄于火。兼以齒髮向衰，困我滋甚。《易》、《詩》、《書》僅得就緒，《春秋》更加重纂，則皇帝王霸之道亦或粗備。惟《三禮》乃文公與門人三世未了之書，庭芳當分任此責，以畢吾志。」其後竟修《儀禮》，未及成書。嘗取朱子諸書，擇其至精且要者爲一編，名曰《文公要語》，而以邵、馬、張、呂及朱氏門人之説爲附録。又爲《小學集疏》、《大學》、《尚書》口義凡三十卷。今行于世者有《春秋通解》、《大學廣義》、《易講義》、《書説》、《四書標題》、《三禮考異》、《經序學解》。

丘公葵，字吉甫，同安人。居海嶼中，號釣磯先生。有志考亭之學，初從辛介甫，繼從信州吴平甫授《春秋》，親炙呂公大圭、洪公天錫之門最久。風度端凝，如立鶴振鷺，杜門勵學。著《易解義》、《詩口義》、《春秋

❶「祭」，原作「制」，今據《熊勿軒先生文集》卷一《送胡庭芳先生後序》改。

通義》、《四書日講》、《經世書》、《聲音既濟圖》、《周禮補亡》。元時倭寇至其宅，他無所犯，惟取其書以去，故其著述多無傳者。門人吕椿，字壽之，晉江人。著《春秋精義》、《四書直解》、《禮記解》。

方公公權，莆田人。以父澄孫蔭補將仕郎，擢咸淳元年第，歷廣州教授、太常主簿以歸。有氣節，人稱石巖先生。著《古易義》、《尚書審是》。

陳公普，字德尚，别號懼齋，寧德人。所居有石堂山，稱石堂先生。淳熙間，朱子嘗過其地，異其風土，曰：「數十年後當出儒者，能讀天下書。」至淳祐甲辰，公生，鵰鴞數百繞屋。稍長，入鄉塾，聞韓翼甫倡道浙東，遂往從之。翼甫學出慶源輔氏，輔，朱門高第也。宋亡後，朝廷三使辟官本省教授，不應。以斯道自任，四方來學者歲數百人。丞相劉文簡屬修黄、楊二家喪祭禮，因併朱子所纂爲十卷。嘗與游翁山、范天碧、謝子祥極論太極之旨。晚在莆中十有八年，造就益衆，出其門者如韓信同、楊琬、余載、黄裳輩，並以正學爲時所宗。嘗曰：「性命、道德、五常、誠敬等字，在四書六經中如斗極列宿之在天，五嶽四瀆之在地，舍此不求，更學何事？」謂三代之治莫善於井田，作書欲上，不果。精聲律、天文、地理、算數之學，著《字義》一卷，《四書句解鈐鍵》、《學庸指要》、《孟子纂圖》、《周易解》、《尚書補微》、《四書六經講義》、《渾天儀論》、《咏史詩》、《斷天象賦》凡數百卷。

傅公天驥，字君遇，泉州人。爲建寧教授，與諸生講伊、洛書，不專課以程文，理學由是益盛。

黄公巖孫，字景傳，惠安人。寶祐四年進士，授仙谿尉，一以義理之學爲政。先是，尉仙谿者有段公全、淩公景陽，公作思賢堂以仰之，爲記曰：「事俗而不自爲俗者，學充于事也。官卑而不自爲卑者，人大其官也。」咸淳間，令尤溪，新南溪書院，建四齋及講堂以栖學者，後作夫子燕居堂。疏朱子所解《太極》、《通書》、《西銘》及與門人問答書語，與諸儒之説有發揮者，間申以己意，會集成書，倫類通貫，名曰《輯解》，刊于書院。又校刊《西山讀書記》。❶後通守福州，卒。

謝公鑰，字君啓，福寧人。著《春秋》十卷，《左氏辨證》六卷。子翺，字皐羽，徙居浦城。文天祥死，設位哭之。作楚些見志。常爲《許劍録》及《晞髮集》。

劉公季裴，字少度，長溪人。十歲能文，舉紹興進士，官至秘閣修撰。乾道間，進十論，上大稱賞。上殿奏事，笏偶跌碎，徐收碎笏，逐一敷陳，謂：「今日之事有不可忽者，即如此笏。」上悦，曰：「季裴膽大如身。」每延顧問，皆稱旨。著《論》《孟》《周易》解、《頤齋遺稿》、《山川形勢論》、《司馬温公傳》。

---

❶「校刊」，原無，今據《閩中理學淵源考》補。

著書諸公共五十九人，無事實可考。

李公琪，字孟開，官至國子司業，著《春秋王霸世紀》。

陳公暘，著《禮記解》、《孟子解義》、《樂書》。

林公觀過，著《經説》。

倪公登，著《論語解》。

鄭公昂，著《春秋諸臣傳》。

陳公合，著《孝經正文》。

張公弘圖，著《宋朝大禮記》。

林公洪範，著《諸經義方》。

郭公陞，著《春秋傳論》。

林公概，著《辨國語》。

林公萬頃，字叔廣，著《詩易春秋解》。

夏公良規，字遵矩，著《六經語孟解》。

林公環，字景温，著《通鑑記纂》。

林公文昭，字宗範，著《論語註》。 以上俱福州人。

劉公翔，❶著《周易通神經》。
吴公駿，著《詩解》。
何公述，著《禮記解》。
楊公畿，著《禮記口義》。
郭公鎮，著《易春秋解》。以上俱建州人。
徐公鐸，著《易談》。
林公自，❷著《易解》。
鄭公朔，著《易占圖書註》。
林公震，著《易傳》、《易問》、《禮問》、《經語》、《千字文》。
彭公與，❸著《易解義》。
蔡公勘，著《易解》。
陳公義宏，著《易解》、《中庸解》。

---

❶ 「劉」，原作「鄭」，今據同治本改。
❷ 「自」下，原衍「周」字，今據同治本删。
❸ 「與」下，原衍「周」字，今據同治本删。

李公過，著《易説》。
方公泳之，著《易口義》。
尤公彬，著《讀易》四卷。
王公太冲，❶著《易爻變義》。
陳公冲飛，著《易原》。
方公濯，著《易註解》。
方公汝一，著《易論》。
方公實孫，著《讀易記》。
鄭公直卿，著《易通》、《易解》。
方公傳，著《易程氏辨》、《詩朱子本旨》、《書蔡氏考》。
黄公力行，著《尚書傳》。
林公洪，著《纂禹貢節要》。
鄭公彦明，著《尚書説》、《中庸説》。
林公慮，著《詩解補闕》、《禮經總括》。

❶「太冲」，原作「大力」，今據同治本改。

劉公宇，著《毛詩折衷》。
李公叔實，著《周禮集義》。
傅公蒙，著《詩講義》、《論語講義》。
蘇公權，著《春秋解》。
黄公童，著《類國春秋》。
方公應發，著《春秋集傳》。
黄公君俞，著《六經闕言》四十八卷。
黄公方子，著《論語講義》。
方公昕，著《誠意説》。
許公允成，著《孟子解》。以上俱興化人。
江公致堯，著《周禮解》、《詩集》。
梁公南一，著《六經辨疑》。
韓公謹，著《詩禮義解》。
梁公億，著《論語集解》。以上俱泉州人。
吴公炎，字濟之，著《論語問答》。邵武人。
沈公子真，著《四書講義》、《表忠録》、《藏收録》。漳浦人。

黄公寬，著《四書附纂》。

劉公賢，著《射禮儀節》。以上俱長溪人。

鄭公儀孫，著《易圖説詳解》。建州人。

道南源委卷之五

儀封張伯行孝先甫重訂
受業漳浦蔡衍鍉校

元

歐陽公佺，字以大，長樂人。隱居著述，動循禮法，學者師焉。著《四書釋疑》、《五經旨要》、《性理字辨》、《格物啟蒙》、《忠孝大訓》、《女範幼學》等書。子潮，舉莆田教諭，通五經，稱五經先生。

韓公信同，字伯循，福寧州人。幼穎悟，工詩文。既壯，受業陳石堂，遂刊落華藻，究心濂、洛、關、閩之學。陳嘆曰：「吾耄矣，得斯人飲水俟命，復何恨哉？」延祐四年，應江浙舉不合，即杜門不出。四方書幣日至，弟子請業者户外屨滿。著《四書標註》、《書經疏文》、《三禮》、《易經》旁註，《書解集》、《史類纂》及詩文十卷。

李公學遜，邵武人，忠定九世孫也。博學洽聞，善天文，尤邃於《易》。爲文典雅，片言隻字，人寶藏之。

所著有《易精解》、《中星儀象》等圖。

黄公鎮成，字元鎮，邵武人。弱冠即慨然以道學自勵，至正間築南田精舍，作詩寫懷。部使者相繼論薦，授江西儒學提舉，不應。以壽終，集賢定謚曰貞文處士。所著有《尚書通考》、《周易通義》、《中庸章指》、《性理發蒙》、《秋聲集》。自號存存子，學者稱存齋先生。

劉公有定，字能静，莆田人。少貧剛直，不樂仕進，沉潛嗜學。常著《衍極書》五篇，又《原範吟》三十七章，司業吴源謂其推闡圖書之秘，發揮象畫之妙，究極先後體用之所以然，一部全《易》也。學者稱原範先生。

張公復，字伯陽，建安人。泰定元年進士，官至建寧路知事。師事鄭儀孫學《易》，得丘氏之傳。嘗輯諸儒議論，編《性理遺書》。

黄公清老，字子肅，邵武人。通經博史，登泰定四年進士，累知制誥、國史院編修。出爲湖廣行省儒學提舉，學者自遠從之，率多成就。號樵水先生。著《春秋經旨》、《四書一貫》數十卷。其詩存者數十篇，有盛唐之風。

黄公元實，字廷美，泰寧人。嗜學凝重，動循矩度，終日危坐，不稍傾倚。天曆間，試浙闈乙榜，授郡文學，以剡薦未授而歸。至正癸巳，邑有妖民爲亂，令延議討賊。賊奄至，遂遇害。女貞奔哭罵賊，賊殺之。

林公廣發，字明卿，别號三溪，龍溪人。嘗謂陳安卿號北溪，高彦先號東溪，蔡汝作號南溪，而己號三溪，將兼而匹焉。生平孝友，以《詩》、《禮》訓家庭，規言矩行。通貫六籍，融會百氏，爲後學矜式。郡學三聘爲諸生師，以部使薦授安溪學職，邑僚師事之。會寇作，奉府檄招降，仍謀軍府事。每俘至委訊，曰：「此平民也。」府帥曰：「曷知之？」曰：「獲賊從巢穴，此皆自井里得之者也。」時分置汀、漳，屯田萬户，府以公爲經歷。屢有差遣，不及理府事，兵民請諸分省曰：「願還此官，活我邊人。」所著有《三溪集》傳世。

陳公旅，字衆仲，莆田人。父子彦，兄震，皆一時名士。公幼孤，穎異。稍長，負笈從泉南傅定保游，博學多聞，聲名日廣。用薦，爲閩海儒學官，中丞馬祖常見而奇之，勉游京師。既至，學士虞集見所爲文，慨然曰：「在兹付子矣。」延之館中，廷臣力薦，除國子助教。滿考，諸生爲請於朝，乞再任，積官國子監丞。有《安雅堂集》十三卷，虞集爲序。林泉生稱其「學博而通，識高而敏，使之裁繁理劇，有兼人之能，處患制變，有濟時之智」云。

雷公杭，字彦舟，建安人。祖龍濟，邃於《易》，兼通律曆。父德潤，置義士莊，以給貧士。公與伯兄機、仲兄拱能守家學，俱以《易》鳴於時。嘗著《周易註解》行世，稱「雷氏《易》」。授儒學提舉，遷武平縣尹，調潮陽。卒，贈奉化州知州。

王公吉才，龍溪人。篤志古學，尤明典禮，郡守延爲弟子師，後爲泉州學正。親終皆及期頤，而公年老矣，哀慕痛毁，有如早喪。雖在家庭，亦冠衣斂容，未嘗見其遽言怒色。學者稱益齋先生。

陳公自新，字貢父，號敬齋，福寧州人。通五經，精《易》，本傳義而推衍以《皇極經世》，從遊者甚衆。著有《起興集》等書行世。

李公應龍，字玉林，光澤人。郁之後。博學有節操，爲時師表。至元間薦爲白鹿書院山長，不赴，尋薦漳州路教授，亦不赴。所著有《春秋纂例》、《孝經集註》、《四書講義》。

吴公海，字朝宗，閩縣人。隱居不仕，學周、程、張、朱之學，一時名人如貢師泰、林泉生、藍晦、王翰皆雅重之。初承父命，欲徙居東魯，逡巡二十餘年，而道路不通，乃自號魯生。或譏曰：「子自擬兩生乎？」答曰：「非也。吾將居魯，取其名也，質魯，取其義也。且吾學仲尼之道，謂之魯生，不亦可乎？若以爲不可，則更曰魯客，志未得反乎？魯也，又何議乎？」明初，部使者欲薦於朝，力辭不赴。居家，採摭古今孝子順孫、節婦烈女與兄弟之相友愛，娣姒之能和睦者，附以感應禍福，以教鄉里。又著書，言楊、墨、佛、老爲六經之賊，管、商、申、韓爲治道之賊，遺事外傳爲史氏之賊，蕪詞荒説爲文章之賊，名曰《書禍》。欲上之人悉取其書而禁絶之，使天下曉然知正道，慕鄒、魯之風。爲文嚴整正大，雄健雅奥，而歸諸理。自謂資質愚昧，平日所爲鮮能不悖於理，顔所居爲「聞過齋」，而爲之箴曰：「夫過而人告之者，幸也，過而不聞，不幸也。告之而不受，受之而不悔，悔之而不改，是自棄也。海雖不敏，忍自棄乎？」著《聞過齋集》八卷，學者稱聞過先生。

鄭公轙，字子乘，福寧人。總角時即與林仲恭受業于韓公信同，韓公嘗稱曰：「二君可續吾閩五賢理學。」韓卒，二君俱心喪三年。著有詩文集。

林公珙，字仲恭，福寧人。少從韓公信同游，篤信力行，爲文以理勝。舉明經，不受。强補本州訓導，未半載，以疾辭。晚年教授生徒，以開來學爲己任。

明

劉公宗道，名駟，以字行，龍溪人。洪武初，以秀才被徵再三，乃起。時召試者八千人，公對朝政家治稱旨，賜第一。上命學士詹徽密察德行尤異者，復以公爲首。拜都察院左都御史，上格君德民二十事，並見嘉納。自是商議大政，多所譏切，遂爲邵質、董希賢所搆，詔徙南詔。不久貰還，所過郡邑持之，公遜于播州，以俟朝命。上疑公久不至，命索其家，都察院檄取其父寶入京面質。使入滇索之，父行至蜀之蘭陵，以憂病卒。有詔復取鄰戚，與朝使分索，必得劉某乃已。其門人陳拯遇之播州，告之故，遂赴水死。公明程氏學，好修《家禮》，鄉人稱愛禮先生。有《愛禮集》十卷。

王公暹，字希白，將樂人。洪武丙子舉人，永樂中以薦入京，修《五經大全》。由興安訓導歷官國子助教，學行飭修，祭酒而下咸推重之。終翰林院編修。著《聲律發蒙解註》。

蔣公悌生，字仁叔，長溪人。檢身勵行，高尚不仕。洪武初舉明經，任本州訓導，教誘諄諄，多所成就。著《五經蠡測》，嚴辭隱義，多發前人所未發。

鄒公文慧，建安人。講程、朱學，從游者數百人。洪武初，本郡理學推公爲首，徵仕不應。

鄭公旭，字景初，閩縣人。居家孝友，有信義，貫通五經、百家、諸史，與王偁、林誌友善。以學行辟爲國子掌儀。太祖選德望十人，使傅東宮，公居第二。後謫吏雲南，建文中起爲高安訓導。所著有《詩經總旨》、

《初學提綱》、《咏竹稿》等書。

游公義，字伯方，連江人。洪武二十一年進士，仕御史，議論慷慨。太祖欲撤亞聖配享，公極諫忤旨，繫獄死。

孫公芝，字庭秀，連江人。洪武中以歲貢授慶都知縣，陞沔陽知州。太祖從劉三吾之議，欲削《孟子》書如「視君寇讎」、「聞誅獨夫」等語共八十五條，不以命題取士，公疏三吾爲逆巫謬妄，極論以爲不可。其議遂息，而《孟》書復全。

高公頤，字應昌，寧德人。孝友天性，臨財以義。親没，廬墓三年。教授鄉閭，暇即至墓所拜哭。洪武間舉孝廉，召對稱旨，授海鹽知縣。著《詩集傳解》。

陳公道潛，字孔昭，莆田人。建文庚辰進士，授給事中。與楊文敏榮同修國史，文敏時稱其學行。又著有《拙齋存稿》。永樂初謫判夷陵，起監察御史，預修《性理大全》諸書。于時纂修諸儒，即翰林春坊多不得預，公行己恭慎，學問該博，故得在選。時閩縣陳公景著、長樂陳公全、莆田黄公約仲、陳公用亦皆預修。

王公源，字啟澤，龍巖人。永樂初進士，選庶吉士。出知深澤縣，修學教士，築堤捍水，禁嫁娶論財，累疏言民事。有旨召用，會西域有異僧到，成祖厚待之，公條陳時事，并及焉。成祖怒，下錦衣獄。會赦，復原職。有蝗不入境，雨不出疆之謠。陞春坊司直郎，侍太子諸王。方講説間，王忽他顧，曰：「臣所講者，皆治平要道，何勿見聽？」王爲改容。遷松江同知，奏罷逋糧數十萬，平反誣擊左道獄二百餘家。用薦，陞職方郎中，出知潮州。郡有暴虎，爲害已久，至是渡惡溪去。城西湖山有怪石爲祟，命除之，祟遂止。郡治火，仰天拜祝，尋反風吹滅。年八十，卒。所著有《韋菴集》、《書傳補遺》、《家禮易覽》及《異端辨》。

林公誌，閩縣人。初生時，父夢賫誌入室，因取名焉。及四五歲，母口授經書，輒能記誦，十歲日記數千言。從王偁遊，偁奇之。時出論辨，見鋒鋩以折長者，偁曰：「此非所以求益。」爲字曰尚默。因痛自克治，沉潛涵浸，學問久而益富。永樂中，鄉、會試皆舉第一，殿試一甲第二名，授翰林院編修，預編《性理》及《四書五經大全》、《歷代名臣奏議》。書成，受賜賚，陞修撰，歷官右諭德，兼侍讀。宣德元年，預修《兩朝實録》。公善事父母，湯藥必親嘗，喪葬謹禮，待宗族有恩，在官恭勤趨事。其學究博，經史百氏、星曆醫卜咸得領要。爲人刻厲深切，後學多從質問。著《周易集説》。

唐公泰，字師廓，長泰人。資禀穎異，通曉五經，尤邃于《易》。登永樂乙未進士，知祁州，有惠政。後以文學薦辟，召赴文淵閣，試《麒麟頌》、《明倫論》。稱旨，欲大用之。因大駕北征，乞歸侍養。四方之士受業日衆，如陳公真晟、謝公璉、林公震、陳公亹，皆出其門。著《思誠齋銘》，學者稱東里先生。

李公貞，南靖人。志行超羣，文章振藻。永樂十三年進士及第第二人，授翰林院編修。與儒臣同修《經書大全》、《性理》等書，受賞賚。後以不肯預修佛書貶高州教授，卒。

蔣公輔，字廷佐，龍巖人。父永迪，隱居，立鄉約，遵行《家禮》。公宣德己酉領鄉薦，歷官興國府教授，教育人才，以文學稱。爲人恬淡，有識鑒，謹事繼母。爲學以存心爲主，學者宗之，與鄉人講行《藍田約》。年八十三，卒。著《泉巖文集》。

曾公景修，名生，以字行，莆田人。學尚躬行，好深沉之思，持辨博之論。永樂間貢入太學，歷官德安教授。與諸生處，情同家人，答問講解，終日不倦。出其門者，才質高下各有成立。著《大學》、《中庸》詳説。

鄭公杓，字子經，莆田人。常著《春秋解義》《表義》、《覽古編》、《次夾漈餘聲樂府》，又有《衍極書》，專評字書，吴公與弼謂「考論文字之學，此爲最正」。宣撫使齊伯亨採其書上之。

方公瀞，字源深，莆田人。正統四年進士，授行人。時年五十餘矣，猶執經講説，扣問紛如。尋求致仕，以教授爲業，未嘗輕入城市。生平邃理學，動率禮書，嘗嘆《文公家禮》雖經諸儒註釋，而去取或晦，朝代遷改，冠服不同，於是作《家禮列圖》於首，而條析其下，鄉人宗之。自號柳東耕老，學者稱柳東先生。子和叔，孫岳、山、嶠、宜賢，俱有時名。

林公雍，字萬容，龍溪人。登景泰甲戌進士，授行人，以節操自厲。憲宗初立，上疏乞修德格天，親賢講學，復請進濂溪、二程、考亭于顔、曾、師、孟之後，列爲八配，兼祀陳北溪于兩廡，並不報。舊例，諸司屬吏部考察，公獨不赴，曰：「使某不肖，黜之可也，安能隨行俛首，言科目貫籍耶？」歷遷駕部郎中。乞歸，結廬龍山，累徵不起。與陳剩夫相師友，日進徒侶，講明正學，倡建陳北溪祠于芝山之麓，與鄉人月爲一會，修《藍田吕氏鄉約》。剩夫稱其學「始終本末，有序有要」。督學周公孟中謂：「公居官冰蘗，未老乞歸，清風高節，海内傾仰。漳中北溪之後，得正學之傳者，首稱剩夫與公二人而已。」學者稱蒙菴先生。

林公玭，字廷珍，候官人。十九領鄉薦，天順八年會試第三人，成進士。家居十有七年，以《易》學倡教東南，從游者屨滿，蔡文莊清亦往師焉。既終大事，赴京授刑部主事，陞浙江僉事，提督銀場。弘治庚戌，景寧賊吴大兒嘯聚摽掠，旁及閩中政和、浦城諸邑，衆議屬公剿捕。公發屬縣兵快，分駐要害，以精鋭千餘人直臨其穴，破之。遁入松溪，險隘先爲所據，衆難之，公曰：「賊勢已蹙，攻之必下。」遂追逐之，得其渠魁，斬戮數百人。餘黨逃入慶元、景寧間，公復檄巡捕官就殺之，生擒三百餘人。尚有散匿山谷者，衆請盡殲，公恐濫及無辜，出示准其投降。又有遂昌、黄岩等賊，聚衆至萬，人聞之膽寒，公又預爲形勢疑之，皆自解散。陞雲南副使，雲南華彝雜處，既至，别名分，重禮教，風俗一更。以年老乞休，許之。公行誼政治本自過人，而文學復優，所至上下翕然歸重。其卒也，自有位以至鄉民，咸痛惜之。弟瑭。

瑭，字廷玉。舉於鄉，十年不赴，後登成化十七年進士。歷官御史，言慎名器、厚國本七事。出巡雲南，劾參將縱麾下殺人之罪，辨土官謀叛之冤，僚屬莫不敬憚。轉南京督學，諸生咸慶得師。其卒也，與真西山同祀黌宫，稱林道學。

舒公冕，字廷瞻，武平人。以貢入太學，游胡敬齋之門，得用功之要，服膺靡懈。冠婚喪祭悉遵《家禮》，閨門雍肅，三世同居。父母有疾，衣不解帶。既没，廬墓三年。

陳公真晟，字晦德，改字剩夫，漳浦人。浦邑濱海患倭，洪武間置鎮海衛，公之先世自泉中來戍于此，因家焉。公丰格高聳，神氣肅清，望之非塵埃中人也。年十七八即能自拔于俗，厭末作之蠹心，惡異端之害道，專心致志，以儒爲業，入長泰山中從進士唐泰治舉子業。業成，薦于有司。至省試，聞有司防察過嚴，曰：「非所以待士，士不宜以此自待。」遂辭歸，自是不以科舉爲事，用心聖賢踐履之學。初讀《中庸》，竟無統緒，讀《大學》乃知次第。執以爲據，又讀《大學或問》，得朱子主敬之説，曰：「此《大學》之基本也。」及求其所以爲敬，則見程子以主一釋敬，以無適釋主一，始于「敬」字，見得親切，實下工夫，推尋此心之動静而主于一，曰：「養一于静，則客念不作矣。持一于動，則外誘不奪矣。」嘗語人曰：「《大學》，誠意爲鐵門關，難過，『主一』二字乃其玉鑰匙也。蓋意有善惡，若發于善而一以守之，則所謂惡者退而聽命矣。」又曰：「人于此學，若真知之，則行在其中矣。然而氣禀有偏勝，嗜欲有偏重，此學問思辨之後故又加以篤行也。」天順三年，用程伊川故事，詣闕上《程朱正學纂要》。其書首採程氏學制，次採朱子論説，補正學工夫。次作二圖，一著聖人心與天同運，次著學者法天之運。次言立明師，補正學，輔皇儲，隆教本數事，以終圖説之意。書未上，疏乞先召見而後陳説，不報。及書上，下禮部議，宗伯鄒幹漫不知其説云何，其事遂寢。歸家，讀提學使者頒行勅諭教條，有「主敬窮理，修己治人，崇正學，迪正道，敦尚孝弟忠信禮義廉耻」等語，喜曰：「此學校正教也。然學校既崇正教，則科舉宜定正考。」因採勅諭中要語，參以程氏學制，吕氏《鄉約》，朱氏《貢舉私議》，作《正教正考會通》，定考德爲六等，考文爲三等，各有案例可據而行。又纂長書以告當道諸君子，諸君子亦不能推行其説，其事又寢。公學有所得者至是皆無所遇，聞臨川吴聘君賢，欲往質之。乃貨其家之直，得五金，携其兄子以行，戒之曰：「我死，即瘞于道，題曰『閩南布衣陳某墓』足矣。」行至江西，張太史元禎止之宿，叩其學，大加稱許曰：「斯道自程、朱以來，惟先生得其真，吴、許二子亦未是。如聘君者，不可見，亦不必見也。」遂歸鎮海，初創戎壘。自公爲學，而儒術始正，自公與李公文舉諸先輩講行《文公家禮》，而風俗始正。公生於鎮海，遷於龍巖，晚定居於漳之玉洲，自以布衣詣闕上書，因號布衣。年六十四卒，學使周公孟中爲文以祭，郡守彭公桓立石表道。所著有《布衣存稿》，藏于郡齋。

陳公亹，字尚勉，漳浦人。師事唐師廓，與陳剩夫爲同門友。登正統丙辰進士，歷官吏部郎中，文章政事爲時所重。瓦剌犯邊，守臣失策，作《備邊禦戎》策以獻。天順四年，廣東盜起，廷議必得陳某乃可，除廣東布政使。時英宗初辟，勵精圖治，召入内殿，賜宴遣之。既至，密相機宜，討平新興，撫定德慶、蓬州等峒賊，患遂息。以疾乞休。著有《經籍要覽》、《梅菴存稿》。羣從多以科第顯。

趙公琁，字德用，晉江人，宋宗懿王德昭後也。成化元年領鄉薦第一，明年成進士。歷官廣東提學僉事，卒于官。公幼孤苦學，身體力行，造詣淵邃，爲人重名教，尚氣節。羅文毅倫謫官泉中，就公講學，豆肉盂羹，終日乃去。在廣時訪陳白沙，往來辨難，不苟爲同。白沙論學《禮》，文雖不可不講，然非所急，公貽書曰：「浙人正以胡餘干不教人習四禮爲疑，何又開斯路？」白沙自號海雲，公曰：「此禪號也，不可。」白沙曰：「羅一峯死，僕哭之慟，以爲今而後無復有如其人者，不謂於執事見也。」公既善氣節，又名知文，嘗會試同考，首薦謝文正遷，爲翰林諸公所壓，公批其卷曰：「異日狀元拜相，必此人也。」試文瓊州，謂人曰：「吾所取前列諸生，將來受用反不及下等者。」諸生果以渡海失舟，而下等者無恙，人服其鑒。

林公瀚，字亨大，閩縣人。父元美，歷官撫州知府。公廉持大體，吴聘君與弼獻「金井水，玉壺冰」六字以況其清。公登成化二年進士，選庶吉士，以學行醇正累遷至國子祭酒。有恩而嚴，屢與章懋講論，爲懋所重。上疏請開科貢以進人才，陞吏部右侍郎，以膳金之餘鬻置僚屬公署。再陞南京吏部尚書，鎮定不摇，人倚爲重。會災異，率僚屬陳言，皆切時政。時御史王獻臣被逮，疏乞寬宥，以全風憲之職。儒士孫伯堅授中書舍人，出傳奉，乞收回成命以杜倖進之門。忤旨自劾，不報，復疏請培植根本，佑啟皇儲，撫綏百姓，增進賢才數事。改兵部尚書，因災異會陳數事，剴切無忌。逆瑾亂政，嫉公正直。值大學士劉健、謝遷致仕，公閱報嘆息，御史薄彦徽等上疏請留，兼言上晏朝廢事，日與新進佞倖遊飲射獵。上大怒，械繫彦徽，下鎮撫司獄。鞫之，詞連公。出爲浙江右參政，致仕。瑾後矯旨，列公與健、遷等爲奸黨。瑾誅，御史凌相、汪正等言公德尊望重，詔復舊銜，賜人夫月廩，有司時加存問。卒贈太子太保，謚文安。公居官潔修，而賓客過門必極欵洽。里居時，年雖高邁而泛應周旋，禮意勤懇，簡答題封，皆手自治。爲人内柔外温，至方若圓，至勇若怯，無卑賤愚不肖，處之若一，獨非意相干者即之，始知其不可犯也。五子皆登科第，諸孫多貴顯，兩世之内位至尚書者與公而五，世稱五尚書林氏。

黄公仲昭，名潛，以字行，莆田人。祖壽生，建文初與兄同舉鄉試，求歸侍養。永樂六年再舉鄉試第一，明年成進士，歷官簡討，預修《經書大全》、《性理》諸書。爲人莊重敦行，兼通百家，尤邃于《詩》。莆之《詩》學，羣推爲祖。父嘉，有孝行，用薦爲安福訓導。陞東鹿知縣，有禦敵功，賜勅旌奬。去邑之日，百姓扳留。公與羅公倫、章公懋、莊公昶同登成化二年進士，選庶吉士，以名節相激勵。踰年，莊除檢討而公及章皆除編修。是冬，命詞臣預撰明歲元夕烟火花燈詩，公曰：「翰林之官，論思爲職，今觀燈火詩，舊式每多鄙褻之言，非儒臣所宜爲。」遂與章、莊連名疏論，忤旨，廷杖左遷，時稱三君子。而羅先以修撰論學士李賢被謫，又稱翰林四諫。未幾，改授南京大理寺右評事，清守執法。連居父母憂，却去葷酒，不離苫塊者四年，遂辭疾乞休。弘治元年，起爲江西提學僉事，品文校行，毫髮不差，再疏致仕。生平氣岸屹立，思致安詳，凡所著述，皆羽翼程、朱。嘗辨《易》卦未濟、《春秋》褒貶、《雅》《風》升降及編次《或問》，裁定《通鑑》，證異書法，皆有精識，又刊布冠婚喪祭之儀以示後學。所修有《八閩通志》、《延平邵武府志》、《南平縣志》，又與周翠渠共修《興化府志》，著《未軒集》八卷。豐城楊公廉採其學行入《理學名臣》，而子孫多以科第顯。

周公瑛，字梁石，初號蒙中子，後稱翠渠先生，漳浦人。其先世洪武間自莆田調戍于邑之鎮海衛，因家焉。惟時衛所雖建而學校未興，公由邑學生領正統癸酉鄉薦，累上春官不第，益汎濫羣籍，鈎深搜索。成化己丑成進士，知廣德州，陞南禮部郎中，出爲撫州知府，調知鎮遠。秩滿，歸省。弘治初，王端毅恕爲吏部，即家起四川參政，尋轉右布政。丁内艱，除服，乞致仕。給事中楊公廉、吴公世中交薦其學行，起用弗赴。公知廣德時，著《祠山雜辨》以戒民尚鬼，著《教民雜録》令民葬祭循禮經，毋或溺殺子女。爲郎時欲推明蔡氏、邵氏書，則著《經世管鑰》、《律吕管鑰》，欲字學有所師承，則博採諸説作《字書管鑰》。守撫州時，興水利則著《政本》，第輸納則著《政均》。嘗謂學者曰：「某聞人心無外，以爲有外者非也。聖人静有以立天下之大本，動有以行天下之大道，由體及用，一以貫之，其餘爲學，皆由博以反約。博者，萬殊也；約者，一本也。求諸萬殊，而後一本可得，一本既得，則所謂萬殊者亦可推此以貫之矣，某得以言其功程次第。蓋始學之要，以收放心爲先務，收放心，居敬是也。居敬則心存，聰明睿智皆由此出，然後可以窮理。所謂窮理者，非謂静守此心而理自見也，蓋亦推之以至其極焉耳。孟子曰『萬物皆備於我』，此言人心無外也，不即物以窮理，其能盡此心之體乎？故自性情之微以及形骸之粗，自食息之末以及綱常之大，自六經之奥以及天地萬物之廣，皆不可不求其理。求其理，謂求其自然與其當然，又于自然當然中求其所以然。積累既多，自然融會貫通，而於一本者亦自得之矣。」自作墓誌，言於居官行己，頗知畏天命。凡事每自檢于心，求合於天，而人有不及知者。惟人不及知而暗合於天，則恒自喜曰：「此吾學之得也。」年八十餘，郡守某聘修《漳州府志》。卒贈侍郎，楊公廉編入《理學名臣》。所著詩文有《水雲稿》、《金臺稿》、《金陵稿》、《桐川稿》、《臨川稿》共若干卷，又有《廣德志》、《蜀志》、《漳志》、《莆陽拗史》。子大謨，博學能文，登正德甲戌進士，會試第二人。

吴公仲珠，字淳夫，莆田人。少精學業，疎於世故，登成化乙未進士，授義烏知縣。以公錢助喪，爲御史所按，嘆曰：「士何往不自得哉？」遂拂衣歸家。居授徒，分晰經傳奥語以訓後學。著有《四書》、《詩經》講説。

黄公瀾，字源續，莆田人。成化庚子領鄉薦，卒業太學，爲丘文莊所器重，從游者數百人。第弘治癸丑進士，選庶吉士，授編修，以母老告歸。十餘年，母終，復起，充經筵講官。講《尚書》、《論語》，以戒佚游、遠佞人爲言，武宗改容嘉納。歷遷南侍讀學士，乞致仕。公學問淵永，儀度閒雅，寡嗜欲，恬仕進。所著有《經書資講》。子肯堂，孫洪毗，俱有才名。

宋公端儀，字孔時，莆田人。祖勸，爲沐陽訓導，博雅好古，教約不煩而真意懇切。父汝勤，安州學正，作興人才，一變舊習。公登成化辛丑進士，歷官提督廣東學政，身先表率，痛抑浮誕奇險之習。課士所至，瘴鄉海澨，莫不涉歷，竟以勞卒，廣人祀之學宫。生平孝友天性，廉介自持，稽經訂史，汎濫渟蓄，而于程、朱微言緒論無不究極，凡所行止，俱有依據。所著有《考亭淵源録》、《莆陽人物備志》、《鄉賢考訂》、《莆陽遺事》、《莆陽舊事偶録》、《立齋閒録》、《祠部典故》、《高科考備遺録》。子元翰，弘治乙卯鄉試第一，知潮陽，有政聲。姪元岳，著《文廟攷》、《四禮節要》。

蔡公清，字介夫，晉江人。成化十三年舉鄉試第一，境内之山作玉磬鳴者三日。登二十年進士，即謝病歸，講正學，江南之士多來從遊。他日爲其母寫容，母愀然曰：「吾聞母以子貴，汝舉進士有年矣，吾仍故巾幗也。」公聞命大哭，赴選，得禮部主事。冢宰王恕稔其學行，奏改吏部，時與談論咨訪。因上管見二劄，言今朝廷之患在紀綱廢弛，以至士風日弊，民力日屈，當大有以振作之乃可。又引薦名士劉大夏等三十餘人，恕皆納用。庶吉士鄒智論事下獄，罪且不測，公急白于大司寇何喬新，得疏救謫官。丁内艱，服除，補禮部祠祭司員外。乞養親，陞南京吏部文選郎中。❶一日心動，乞終養，至家兩月而父没，衆稱孝感。正德改

❶「京」，原脱，今據《明史》本傳補。

元，起江西提學副使。時宸濠方圖不軌，凡朔望，藩臬官皆往朝宸濠，次日乃謁孔子廟。公至，力請其僚同日行禮先謁廟而後朝王。宸濠生日，令藩臬官朝服，公曰：「此臣子見君之禮也，非所以見王。」去皷而入，宸濠大怒。一日衆官侍宴，宸濠嘲公不能作詩，公對曰：「臣平生于人無私。」蓋「詩」與「私」音相似，宸濠啣之。其後奏求護衛，讒言者謂有後言，宸濠欲誣以非議詔旨之罪。公正色對，遂疏乞致仕。宸濠陽善挽留之，且欲以女妻其子，公力辭歸。時劉瑾方專權，欲引名士以掩人心，未數月，起爲南京國子祭酒。朝命未下，而公先卒。

公色清氣和，外閒内辨，凡論天下古今，一以禮義折斷，其言剴切而精深，其淵軌貞風使人妄消躁息。其學初主于静，後主於虚，謂天下之理以虚而入，亦以虚而應，因以虚名齋。嘗爲《密箴》，不以示人，積久至五十條，皆自砭自鍼之詞，兢兢然惟恐負慚天地君親，得罪師友，以「虚心涵泳，切己體察」八字爲要訣。嘗曰：「宋儒之道至朱子始集大成，朱子之學不明，則聖賢之道不著。」故與其徒著《四書蒙引》諸書，皆推原朱子之意。弘治間，理學中輟，至是公與楊廉作，乃復振興。性好施，自宗族以至門徒，貧者賴以衣食，死者與之殯葬，嘗曰：「天地間物當與天地間人共。一介不取，士當然也，一介不與，故未易耳。」遇親忌，痛哭流涕，終日不酒肉。贈禮部侍郎，謚文莊。

林公有年，字以永，莆田人。少孤，事祖母暨母盡孝。以弘治壬子舉人會試乙榜，授蕭山教諭。大母没，終制，補東莞。謁張詡於南海，訂朱、陸異同，闡明正學階梯，以端士習。潘督學稱其好古甘貧，疏舉自代，不報。母没廬墓，有遭火反風之祥。服闋，擢繁昌知縣，捐俸賑荒，蠲蘆洲課，創義塚，修橋坊。最上，擢南御史，一歲中凡七言事。武宗欲迎生佛于西域，公上疏曰：「臣聞明天地之性者，不可惑以神怪，彙萬物之情者，不可罔以非類。若佛老之流乃神怪之甚，非類之尤者，陛下不以外國爲遠，不以有司供應爲費，勑遣内臣，迎取活佛于人所不到之地，是豈表正萬邦之道耶？」復引梁武事爲戒，上怒逮詔獄，謫武義丞。嘉靖改元，復御史。擢知衢州府，毁淫祠，創社學，選塾師以訓民間子弟，公餘臨視，親爲句讀。衢驛孔道供億不給，立節省法，視昔減半。值久旱，竭誠而雩，歲反大熟。邑有被火者，捐貲賑之，饑則爲糜以餉。秩滿，當遷，郡民乞留。擢廣西憲副，未上，爲忌者所擠，致仕。臨行，老稚扳轅泣别。立德惠祠，請方公豪爲記。

鄭公守道，字用行，候官人。學務窮理，嘗主白鹿洞教事。著《太極圖説意》并《易乾坤上下繫辭解》、《大學講章》，深思精詣，能闡周、程之秘，大有功于來學。

王公應山，字懋宣，候官人。兄應鍾，字懋復，講學道山，而公亦以《春秋》教授於武夷間，四方從者如雲。詩宗大曆，婉而多致，監司守令嘗式其廬。老益苦心編摩，著作甚富，有《經術源流》，又有《閩大記》，以識閩中文物之盛。

許公判，字資敭，漳浦人。父潛，以舉人知平樂縣，息訟課經，邑民德之。公領正德二年鄉薦，通判瑞州，嘗舉「催科中撫字，刑罰中教化」之語以爲名言，朝夕諷誦。爲治六載，上下悦服。擢辰州同知，蠻猺悉安教化。常著《家禮》及諸書附註，以相發明，而約歸于《儀禮》、《禮記》之義，爲《禮圖》及《慎終集》、《歐蘇譜例》、《古深衣訂》，皆可傳述。子選，天性謙和，以舉人知太和縣，端己教人，請蠲無徵米若干石。

林公春澤，字德敷，候官人。登正德九年進士，起家户部郎。謫寧州同知，移判吉州，遷肇慶府同知。島寇掠高州，檄攝府篆。公習知徭兵害民，悉罷遣之，代以土著，諸寇次第就擒。擢南刑部郎，出知程蕃府，擇耆德文學之士分布諸寨，爲童子師。時卧龍、金石二司暨通州塞，屢年失地，公與指揮協謀平復。功未上，爲忌者所中，以候調歸。公少年工詩，詞藻秀永，與鄭繼之、何景明齊名。在吉州，與羅整菴講學，其在南曹，復北面吕宗伯柟，究極旨奥。年百有四歲卒。子應亮，户部侍郎，孫如楚，工部侍郎，各享眉壽。

劉公閔，字子賢，莆田人。絶意科舉，凡禔躬訓家，必以聖賢爲法，祭祀奠獻，一遵禮經。以父柩及祖母柩未葬，遂斷酒肉，遠房室。雖授館隣邑，而朔望必歸哭殯所。如是者三年，鄰族憐之，爲之助葬。婦失愛于母，逐之，終身不娶。温清定省，疾不解衣，母或有怒，則竟夕跪床下。副使羅公璟立社學，延公爲師，提學周公孟中捐金助養。太守王公弼每遇祭祀，必延致齋所，曰：「此人能消鄙吝，豈減黄叔度耶？」亦置田資之，公并受不却。及母卒，即送田還官，廬墓三年。歲凶，弟婦求分異，闔户自撾，感悟復合。弘治中，林貞肅俊言其恭慎醇粹，孝友高古，德宇道風，自見難比，願禮致入侍東宫，必能涵煦陶薰，有所裨益，不報。

正德元年，遥授儒學訓導。所著有《家禮考註》、《昭穆圖》、《宗子説》、《五倫啟蒙》、《孝經刊誤》等書。

張公岳，字維喬，惠安人。祖輪，字仁伯，事父孝謹，每得父書，必拱手正讀，珍藏寶重。父愼，字公謹，知英德縣，悉心爲民，作龍山書院以居諸生，政暇爲講論經旨及古人行誼，邑人祀之。公少好讀書，究心程、朱正學，舉正德癸酉鄉試第一。見鎮守大監，但長揖，大監怒曰：「汝豈琉球生耶？」明年成進士，與同郡陳公琛、林公希元同寓僧寺，閉户講書，共賃一驢，三人迭騎，或聯袵走市中，時稱泉中三狂士。居一年，授行人。武宗南巡，與同官諫止，下獄，罰跪廷杖。時杖者七人，武宗曰：「有不死者，予一秀才官。」得國子監學正。世宗登極，復舊職。連丁諸艱，結草家居，御史聶豹造廬請見。時王文成倡良知之説，學士翕然從之，公渡江見文成，持程、朱遺説當之。文成摘駁殆盡，公曰：「朱子何可毁也？間縱小異，奈何并其大而疑之？」既别去，文成謂曰：「子亦一時豪傑可畏，奈舊聞纏繞耳。」歸與文蔚諸君商之。文蔚者，文成弟子，即聶豹也。公與講論，復不合，因自立存養四條，威儀動作之節十七條，以爲學則，懸之北壁，曰：「吾自爲學，居敬窮理，聖賢所指以教人者耳。」凡晝夜讀書，皆有課程，天文兵法，稗官野史亦輒旁涉。服闋，補主客郎。時方議禮，公與張孚敬不合，出爲廣西提學僉事，未幾改江西。是時江右方尊王氏學，公約諸生：第于程、朱耆蔡守之。以忤孚敬意謫廣東提舉，而孚敬復授意巡按御史，每借事難公，公不爲屈，遂劾之。會報守廉州，公入見，御史乃言相意，追還劾書。廉邊安南，吏治呰窳，公至，省禁令，減徭役，勸民耕種，復教以取水之法。居四年，不問珠池，暇即讀書堂上，削等威，與諸生相師友，廉士皆知學。安南久不修貢，朝議將討而郡縣之，公具疏陳狀。會擢浙江參政，而莫福海入欵，問張廉州安在，曰：「是欲以恩信撫我者，何可忘耶？」于是參贊毛伯温奏還廣東，爲畫所以受降之策甚備。安南平，擢僉都御史，撫治鄖陽，旋改江西。貴谿相夏言方治生塚，藩司議廣信七縣各措千金，公曰：「將範金爲椁乎？縣百金足矣。」分宜嚴嵩奉賜建延恩閣，公批牘予千金，羣相顧請益，予五百金，再請弗予也。世蕃大怒，或以告公，公曰：「自分定矣。寒骨稜稜，止少馬革一張而已。」嘉靖甲辰，陞副都御史，提督兩廣。明年春，封川賊有僭號稱王者，悉討平之。斬首二千五百級，諸獞悉平，陞兵部右侍郎。卒贈太子少保，謚襄惠。著有《聖學正傳》、《載道集》、《更定禮記》、《恭敬大訓》、《兵鑑》諸書。弟峯，子寯，孫迎，俱相繼登科第。

卓公居傅，字起巖，莆田人。精于經學，開館鳳山，執經問難者前後數百人。以鄉薦授金華訓導，教迪有方，青衿競奮。登正德丁丑進士，賜歸省，一時士類競趨其門。終刑部主事。所著有《書經》、《四書》臆説，學者宗之。

史公于光，字仲裕，晉江人。生有異光，故取名焉。父貧且老，公歡承之，致喪如禮。讀書癯疾不廢，舉正德癸酉鄉試，不就計偕，曰：「仕不及親，奚亟爲？」丁丑成進士，選翰林庶吉士，未幾乞歸。居五年，起授吏科給事中。大禮議沸，公據張孚敬疏，條析欵辨，尋又病歸。居四年，復起。時諸臣以議禮得罪者未蒙召復，公上疏言：「臣聞聖人之喜如春，其怒如秋，天道在我也。諸臣皆陛下所親拔擢，欲與共圖治理，以茂中興者，而廢謫已兩閱歲，伏望早沛春生之仁，即賜起用。」不報。嘗與會試分考，得士多雋異。以疾卒，京師聞者莫不悲悼。公通籍十一年，在諫垣者二載，餘皆家居。窶甚，授徒自給。有以非分求者，因其妻以告公，公佯許之，曰：「阿堵物安在？」妻出視之，公面空跪，咒曰：「倘受此，子孫絶種矣。」著《易解》、《四書解》、《正蒙解》等書。

田公頊，字希古，大田人。爲文簡奥，初領鄉薦，計偕不赴，後登正德辛巳進士，歷官禮部郎中。與張公治具、廖公道南、王公用賓、鄭公善夫輩日訂墳典，談藝賦詩。及督學湖廣，闢濂溪書院，規飭諸生，相與講明性命經濟之學。遷貴州副使，以母老力疏乞養。時年方强，或勸暫留，而孺慕之心雖三公不易，撫按薦章五上，公終不起。母年九十七終，公攀號躃踊，水漿不入口。家居三十年，絶跡城府。流賊犯境，出私貲募死士環守。賊因以遁，邑人德之。

黄公三陽，字元泰，建陽人。通《易》、《詩》、《禮》三經，弱冠便開講席，從游千數。他如天文、地理、陰陽、醫卜，靡不究心。以恩貢同知吉安州，罷運儲常例，履畝均輸，悉心經營，廉而有惠，擢保定判。卒于官，吉人祀之。所著有《易》、《禮》、《詩》各講義。

道南源委卷之六

儀封張伯行孝先甫重訂
受業　校

明

林公希元，字茂貞，同安人。正德十二年進士，授南大理評事。世宗登極，條上《新政八要》，大略言君道在勤正學，親正人，而息中官幾務，罷中官鎮守，所以清政本，塞亂源，上嘉納之。遷寺正，與堂官陳琳議獄事不合，降泗州判。泗大饑，朝廷發帑賑濟，公悉心推行。有嘯聚九百人，單車往諭，悉解散。用方獻夫、霍韜等薦，陞廣東按察僉事，提督學校。時劇賊王幾作亂，公署按使篆，即日率府衛兵討平之。陞南大理丞，上《王政疏》，爲目二十有一。嘉靖十二年，大同軍叛，公上疏請誅，不從。未幾，遼東兵又變，公言：「往者大同之變，朝廷過爲姑息，以故悍卒咸生輕侮，一有觸發，攘臂而動。大臣因循不振，致其益驕，而朝廷威令益削。」上責其妄言，謫欽州。會安南不貢，擢爲海北道兵備。公意在進征，與督臣所議互異，竟罷歸。而安南畏公之威，惴惴歸命，前此所據四峒竟復我版圖矣。公讀書遲鈍，而刻苦殊至，研理釋文，極其精專。束髮以來，慨然有志當世，一入仕途，執其所學用之經濟，直以唐、虞、三代爲必可追。晚年參訂諸儒所定

《大學》格物致知之說，附以己見，曰《更正大學經傳定本》，又著《四書易經二存疑》，學者至今尊尚焉。

林公同，字直正，晉江人。受學李雁山雍，後又從蔡文莊游，益知原本。由弘治辛酉舉人歷任樂陵、萬載教諭，金華教授。所至以平生所傳習者與諸生講明，早晚有常，寒暑不倦。其於廟廡神案必致清潔，祭祀必極其誠，巡按唐公龍、學使邵公鋭大加嘆賞。兩典湖廣、陝西試，所得皆名士。陞兩浙運判，不刻不濫，商竈皆悦。内閣張孚敬家居海上，亦竈籍也，懼海賊時至，將城瀕海，工費責之竈丁。當事皆唯唯，公曰：「費且不貲，既不上聞，奈何專之？」以問竈丁，無一願者，遂報罷，亦尋乞歸。公弱不勝衣，而内養充完，吶不出口，而講論道德性命，深中肯綮，日與鄉叟談説農事，雅俗相忘。所著有《正學蒙引》、《龍峰遺集》。

王公宣，晉江人。受業虚齋之門，嘗論學者合朱、陸爲一便非真知。領弘治十七年鄉舉，會試不第，遂養親爲志，終身不復應舉。爲人廓落豪邁，俯視一世，精研前聖之遺，洞貫百家之旨。林希元稱其自得之學不滯於章句，絶俗之行不混於塵俗，薦之於朝。

陳公琛，字思獻，稱紫峰先生。自以其意爲朱子之學。初受業於蔡虚齋，虚齋曰：「吾所爲發憤沉潛而僅得者以語人，常不解，不意子已自得之。」延禮之如朱子所以待季通者，督學江右，請與偕行。歸而設科學宫之傍，四方從學者甚衆。嘗言：「太極事事物物無不各具，吾人耳目所見有常有不常，心思所測有得有不得，此高深、大小、微顯、遠近、精粗、常變、異同所由分，而學者之進入無難易，教者之指引不容無差等也。」其所記述以授弟子則有《四書》、❶《易經》淺説二書。其族弟御史讓，謂：「虚齋《蒙引》得聖學之精深，間有意到而言未到。及其所獨到，則可以發朱子未發。思獻《淺説》得聖學之光大，意到則言無不到。及其獨到，又可發虚齋未發。」而公每日謂此訓詁之屬，更欲門徒得夫勵進退大節，破名利兩關，言峻行古，與之游塵埃之外，而細論夫顏子彌高彌堅者。是以一時從學之士，多有洞視今古，傲睨宇宙之懷。初應正德丁丑會試，考官尹襄得其文，嘆曰：「造詣精深，此必陳白沙門人，否則蔡虚齋也。」釋褐，授刑部主事，歷吏部考功，以母老乞歸。嘉靖七年詔起，不應。八年再起貴州督學僉事，俄改江西，皆力辭。家居偃仰一室，或逌然孤笑，或喟然獨嘆，或縱步行陌，與農叟敘故談歡，爲文層層嶄嶄，發性露光。虚齋没後，道德行誼無愧師門者，一人而已。公雙眸烱烱，玉色金聲，美髯蒼骨，皮肉細膩，手紋如亂絲，胸有紅痣三四寸。其卒也，所居後浦潮汐不至者數日，士大夫惜之，爲祀於學。惠安張岳祭以文曰：「嗚呼紫峰，一世人豪，有蟠屈萬古之心胸，有瀉落長江之辯論，有避世之深心而非玩世，無道學之門户而有實學。」時稱實録。

蕭公崑，字叔岡，將樂人。從蔡虚齋受《易》，正德丁卯舉于鄉，授淳安教諭，尋補績溪。己卯聘粤闈分試，途次爲濠逆所執。欲降之，公慷慨言曰：「殿下違祖訓，干天命，復欲辱義士乎？」竟不屈死。

---

❶「四」，原脱，今據《千頃堂書目》補。

趙公建郁，字本學，別號虛舟。本宋宗裔，世居晉江。爲蔡文莊高弟，結廬鍵户，悉心著述，著有《周易》、《學》、《庸》説、《杜詩註》。且謂昇平日久，人罕知兵，因即《易》演爲陣法，集《韜鈐》内外篇，凡七册，《解引孫子書》凡三册。稿就封識，以俟其人，俞大猷往受學焉。

黄公芹，字伯馨，龍巖人。喜怒不形，端謹無惰，從學蔡文莊。正德九年以歲貢授海陽訓導，郡邑有疑事，咸就質焉，以親老乞歸。著《易圖識漏》、《易經口訣》、《史圖纂要》、《家禮易行》等書。

黄公光昇，字明舉，晉江人。父綬，萬載教諭，爲人剛方，動遵古法，受《易》于蔡虚齋。公登嘉靖八年進士，爲吏部選人，即明法律書數，考論國家掌故，授長興知縣。理煩治劇，紀綱肅然，擢刑科給事中，以艱歸。服闋，起兵科，以剛介不阿時相，出爲浙江僉事。遷參政，修築海塘，以收水利，陞廣東按察使。時海寇爲患，公下令能捕獲者予所獲財物，寇遂息。外番以市來者，歲課爲羣吏侵獵，其入纔什一。公戒秋毫無取，番税十減其六而課入反倍。安南莫正中與莫浤翼争立，敗而來歸，其酋范氏、潘氏以兵攻欽州，索正中殊急。公密授主將俞大猷方略，伏兵挫之。二酋奔，浤翼斬之以獻，尋率其黨聽命，安南以安。已而復有討定猺黎及俘新會賊功，遷右副都御史，巡撫四川。疏止採辦丹砂麩金及匀停水陸郵傳，❶歲省民財數十萬。會建三殿，需巨材夥且急，公量程郡邑大小，道里遠近，責監司董長吏，入市之土番，而身與按臣共監之。世宗獎其勞，擢兵部侍郎，總制四川、湖廣、貴州三省。討叛苗，撫降二十八寨，再擢刑部尚書。所讞楊選、嚴世蕃、海瑞三獄，委曲平停，得從寬減。隆慶初請老，居四年，召爲南京刑部尚書，尋罷免。公爲人嚴重謙退，而達於事情，先世田廬之外少所增拓。晚與縉紳耆舊爲洛社游，劇飲不亂，年八十一卒。贈太子少保，謚恭肅。著有《四書紀聞》、《讀易私記》、《讀書愚管》、《讀詩蠡測》、《春秋采義》、《歷代紀要》、《昭代典則》、《陶集杜律註解》。子喬棟，事父至孝，以蔭授臨安知府，有廉名。著《十三經傳習録》、《讀書管見》。

林公學道，字致之，莆田人。體不勝衣，言不出口，而向道甚勇，義利之辨甚嚴，終日正襟危坐，非寢不脱巾履。初從蔡文莊受學，嘗游吴下，有僉事某者延至其家，既而聞其居喪宴會，曰：「非吾徒也。」遂去之。徐文貞階謫延平，願請一見，竟不造門。至嘉靖間，以貢授都昌訓導，文貞亦督學江西，喜曰：「吾今得見林致之矣。」爲公題像曰：「顔勤閔孝，柴愚參魯，若在聖門，依稀參伍。」終無爲州學正。卒，學者私謚曰貞修先生，興中三庠俱祀之。著《原教録》。

❶「止」，原作「上」，今據《閩中理學淵源考》改。

蔡公烈，字文繼，龍溪諸生也。受業於晉江蔡文莊，文莊授以《太極圖》。既又從莆田陳時周游，時周語以心體流行于日用間，要參見得參前倚衡氣象，遂大省悟。年方壯，隱居鶴鳴山之白雲洞，郡守勸之仕，對曰：「昔漆雕子自謂未信，若某豈徒未信已哉，實且未見也。」嘉靖癸未，以遺逸應薦，力辭母老不赴。御史李元陽檄府爲建書院，又辭不受。忽所居之山如雷鳴者三日，而公卒。公初性剛方，晚年充養和粹，終日危坐，非劇病無惰容，雖大横逆不見怒色。嘗游武彝山，居考亭精舍數日而歸，曰：「脚根自此定矣。」提學邵公鋭聞而訪之，談論終日，蔬食相對。副使柯公喬嘗與劇談道體潛天潛地，公徐應曰：「道固察乎天地，而端則始于夫婦。若屋漏無愧，則天地自位。」邑簿詹公道請論心，公請論事，曰：「孔門求仁，未嘗出事外也。堯舜之道，孝弟而已矣。夫子之道，忠恕而已矣。」豐學士熙謫戍鎮海，見公，嘆曰：「先生不言躬行，某心醉矣。」朱提學衡曰：「力行好學，老而不倦，漳南又一布衣也。」所著有《孝經定本》、《大學格物致知傳》、《道南録》、《朱子晚年定論》、《諸儒正論》、《大儒粹言》、《讀書録》諸書。

蔡公宗潤，字克昌，晉江人。好古力學，終日儼肅，從蔡虚齋受《易》，學者師之。領嘉靖四年鄉舉，除餘杭令，節約里甲，勸民孝弟力田，刊《四書講章》、《易學正言》以教士子。歷建昌通判，乞休。家無擔石，充然自得，監司守令造廬請見，間或一接，終不報謝。

李公世浩，平和人。敦樸好古，少游蔡文莊門。創家規，正宗法，修鄉約，建聚賢堂，設義倉，惓惓于和鄉睦族。以歲貢歷官寧波府教授，士心悦服。子文察，字廷謨，究心樂律，家居，搆一樓以審氣候，因知黃鐘損益之音。嘉靖中以歲貢倅常州，廉節自持，奏《樂律解章》數萬言。世宗大悦，令如議酌行，授太常典簿。終思恩同知。

趙公瑺，字維德，泉州人。少通《春秋》，不務俗學，而能得聖人之意。以進士授户部郎，出監薊州、太倉、黄土諸倉及臨清鈔關，皆秉正執法，常禄外不入一錢。著《春秋管見》。子恒。

恒，字志貞。登嘉靖戌戌進士，以耳疾乞就教職，得袁州督學。使者延置白鹿洞，集諸郡英傑而師之。遷國子監，尋改南都，歷姚安守。姚安苗俗淫僻，爲定婚娶之禮，土司歙然。郡介大理、楚雄、雲南之交，諸採辦銅石、鑄造、賫運旁午，公請中丞爲嚴其禁，中丞偉之。著《春秋録疑》行世。所作古文，淵源司馬而條理于歐陽文忠。年七十餘，尚秉燭讀書，九十四卒。子日新、日榮、日崇，俱有名望。

陳公祥麟，字士仁，莆田人。嘉靖丙戌進士，知東安縣。朝命征討田州，道出邑治，公指盡得宜，犒餉悉具，民不知擾。復省徭役，革浮費，均田里，拓城池，具學校，禁巫覡，改諸淫刹爲書院。以廉能調麻城，父老乞留，不許。尋以足疾改湖州教授，嚴于約士，而考課必勤。遷南刑部郎，當提獄，令人洒濯囹圄，不深錮諸囚。諸囚相語曰：「安得長遇陳使君？」歷遷南安守，治尚清簡，政暇招諸賓僚登臨賦詩。擢山東督學副使，二蒼頭自隨，凡評文必兼改定，遂以勞卒。生平樸訥醇確，不務立道學名，而行履端莊。居官仁愛，自言筮仕以來未嘗置一人重辟，亦未嘗讁戍一人。著有《詩經四書正蒙》。

蔡公元偉，字伯瞻。宋忠惠襄後。忠惠兩守泉州，其三世孫槱再涖是邦，四世孫昰因家焉。公幼有孝弟稱，既爲諸生，憲副方豪延爲弟子師，見程端禮《家塾日程》，皆宗晦翁教人之法，嘆曰：「學當如是。」即手抄服行。領嘉靖辛卯鄉薦，授羅田學教諭。凡所教士，即舉業之中默誘之聖賢之域。擢德安令，一以節愛爲本。每退食，必取《小學》、《近思録》、《伊洛淵源録》及薛、胡二子《粹言》揭觀成誦，即升堂亦袖以出，曰：「非曰忘之，誠慮心官少放，行事過差，以此當嚴師良友耳。」一時政事真有得於學道愛人之遺。擢撫州同知，巡按御史委追樂安逋糧，不加鞭朴，皆相繼輸納。流賊焚掠鄰邑，自着戎衣演武教場，賊聞不敢犯。縣獄久壞，風雨莫蔽，公將新之，縱囚歸家，命獄成乃至，因至期悉集。復委署崇仁，崇仁無城，賊突至，督兵合戰，數日皆遁去。丁外艱，葬畢，以泉中倭患，慕建寧有考亭遺風，遂移居焉。公學向程、朱而重躬行，其所致力惟在飲食衣服、男女起居、動静語默、辭受取予之際。其自治之勤，或至提繕少懈，過失復生，輒撫膺泣下，長跪自罰。著有《四書折衷》、《易經聚正》若干卷，又著《考德録》，自識生平行事。號松莊子。

林公一陽，字復夫，漳浦人。領嘉靖甲午鄉薦，判濟南。革糧例，歲以萬計。年饑，賑濟得法。以漕運後期，調霍丘令。振義勇，均庸調，行鄉約保甲法，正鄉飲酒禮。巡按洪公朝選、督學耿公定向咸器重之，部使者不悦其惆質，卒遷唐府審理。去邑，民立石紀政。公學以居敬窮理爲宗，謂道至程、朱有何不盡，何須别立教門？其爲人坦夷寡慾，不言躬行，宗族鄉黨莫不稱信，嘗曰：「惟敬勝怠，惟勤補拙，惟儉養廉。」後定向來撫閩中，甫下車，亟問故霍丘安在，而宿草滋矣，檄有司祭于社，表其墓。所著有《論學口義》、詩文集。又善臨池，有晦菴、白沙筆意。

宋公效周，字肇斯，莆田人。領嘉靖辛酉鄉薦，由海陽教諭陞和平知縣，以德化民，羣盜解散。時制府徵令煩苛，公移書規調，遂劾論致仕。居家絶跡公門，教人以經書小學爲常課，謂嚮往須擇中守正，造詣須積漸致精，工夫須循常務實。所著有《悾悾子》、《踽踽言》、《日格子》、《正俗編》等書。學者稱斯齋先生。

吴公紳，字克服，别號一菴，莆田人。弱冠見胡敬齋《居業録》，勵志習誦，怡然有得。由嘉靖丁酉舉人授德安教諭，築君子臺，日與諸生講論性學。歷遷常州通判，時趙文華視師至郡，淩轢守令，遂投牒歸。講學于鳳山寺，嘗謂學者曰：「爲學要看鄉人底事如何，聖賢底事如何。如不論當爲不當爲，只隨俗聽衆，此鄉人事。如當爲則爲，不當爲則決不爲，拔乎流俗，獨往獨來，此聖賢事。諸生今已志向聖賢，但須堅持初志，久則可以超凡入聖。不然，吾恐漸漸于慕聖賢淡處，不免依舊入鄉人叢裏去。」著有《易通》、《鳳山初言》、《志學録》等書。嘗避地居榕城，復入南都，患難遷徙中，學徒常滿。又著有《榕城語録》、《金陵語録》。其卒也，門人私謚曰正學先生。

阮公琳，字廷佩，莆田人。嘉靖庚子舉人，除金谿教諭，爲諸生講明正學。擢知恩平，勤撫字，興學校，文學吏治，一時推獎。以老丐歸，結景真會，誘誨後進。所著有《經書講義》、《性理》、《儀禮》、《律曆》註解，《圖書紀愚》諸集。

馬公森，字孔養，懷安人。登嘉靖十四年進士，授户部主事，榷九江關，以廉能著。知太平府，治行甲于江南。累遷至江西布政使，疏請南糧改折，省民間數萬金。調爲刑部侍郎，遷大理卿，與刑部尚書鄭曉、左都御史周延得，時稱貫城三平。遷户部尚書，以疾乞休。穆宗登極，仍以原職起用，疏請停止買金巨費。以母老乞終養，賜馳驛歸。服除，屢薦不起。居恒講明理學，與歐陽德、鄒守益、羅洪先相質正。其學以程、朱爲宗，角巾野服。所著有《四書口義》、《書經敷言》、《周易説義》、《春秋伸義辨疑》、《地理正宗》、文集、奏議若干卷。居鄉兩解脱巾之變，郡有利弊，必告當道興除之。郡人作祠以祀，名曰報功。

歐公志學，字須静，莆田人。淹貫經傳，以貢入南雍，海内交重之，吴中諸文學争延爲師。領嘉靖乙酉鄉薦，知潮陽縣，興學育才，人文遂盛。歲餘乞歸，留之，不可。開五經講席，四方負笈者相踵。所著有《四書淵源》、《毛詩小見》、《衍義補要》等書。

葉公朝榮，字良時，福清人。應隆慶改元恩貢，授九江通判。潔己卹民，負逋畢登。佐榷關，秋毫不染，免商緡無筭。臺使者賢之，令攝瑞昌令，有疏河功。再攝彭澤，有修城功。擢知養利州，築城建學，鑿塘墾田，暇則與諸生談説經術，州俗一新。卒之日，書卷數函，衣裳數襲而已，士民立祠祀之。生平淡薄勤苦，惟讀書宗理爲務，四書五經，《性理》、《綱鑑》，默誦如流，至老無一字遺忘。尤精於《詩》，自言：「吾説《詩》不在文字，于治亂興衰之故燦若指掌，五經奥義具在其中。苟有用我，舉此可行也。」子向高，中極殿大學士，贈太師，謚文忠，相業經綸，載在《明史》。

吴公中立，字公度，浦城人。隆慶辛未進士，疏乞歸養。父殁服闋，仍不入仕。居武彝山，著述十有七年。越中張太史元忭入山訪之，微諷以仕，答曰：「士各有志。」萬曆十五年，廷臣袁洪愈等交薦，召赴闕，復力辭。貽相臣書曰：「昔唐元和進士費冠卿以禄不逮親，永懷罔極，隱于池陽九華山。御史李行修薦舉，冠卿力辭，竟許終隱。愚願效之。」吏部復言聖世禮賢，首崇恬退，必使清節之人得被寵榮，乃可以廉頑立懦，風勸士人，授儀制司主事。後又推尚寶丞，而公先期病逝矣。著有《易詮》、《古本學庸大旨》、《論格物書》、《性氣説》諸編。

盧公應瑜，字叔忠，順昌人。隆慶丁卯舉人，知遂溪縣，遷潮州同知。治河有功，掛冠歸養。著書闡明格致一貫、中和夜氣之旨。

周公一陽，字養初，臨漳人。究心理學，隆慶間新置海澄，以公應貢。歷官儋州學正，投檄歸。嘗言：「《大學》言誠，《中庸》言中，《論語》言仁，《孟子》言仁而兼義。乃虞廷授受，祗一中字。故曰中也者，天下之大本也。其未發性也，會一未發，欛柄則隨所作用，無施不可。」孫起元，字綿貞，萬曆辛丑進士，歷官都御史。巡撫吴中，以忤璫繫獄死。

楊公道會，字惟宗，號貫齋，晉江人。隆慶戊辰進士。初令黄巖，息訟緩徵。歷遷工部郎，榷木南關，政寬而税額縮。公第如額報，不慮縮額，木商大感。出知台州，巖民襁負道迎不絶，倭寇不敢犯境。遷廣西提學副使，時臬僚多闕，兼署諸篆。視學之暇，一平府江猺，一平岑溪猺。既成功，又仰屋嘆曰：「猺雖平乎，吏墨而刻，豪蠹而侵，此亂本也，其可勿問？」遷湖廣參政，分守荆南道。道有香璫，久與士大夫爲難，公至，驚爲神人。轉布政右使，值楚宗獄起，公按獄，但罪首禍者，不干連多人。未幾，轉左，自親王而下皆具禮待之，曰：「大家巨族，且厚本支，況天潢乎？」因入覲，乞歸，許之。公貞而不諒，和而不流，生平不齒榮利，未嘗一至權貴人門。嘗言理學盡于《性理》，往鑑備于《綱目》，因取《性理》精言，採入《程朱全書》、《近思録》，爲《性理抄》。修史依《春秋》、《綱目》例，纂成，自作論贊，有《史綱節要》行世。弟道恒、道賓，俱有時名，而道賓登萬曆丙戌及第第二人。

盧公一誠，字誠之，福清人。萬曆八年進士，授行人。歷遷南京户部郎。江右守臣爲南昌、新建二邑請改折，邑多貴人，莫敢難，公曰：「南都根本重地，四方多故，兵食日增，虚廩庾以自弱，非計之得。」力格之。白下士大夫俎豆王新建，招公入社講學，謝不往，曰：「吾不能口誦程、朱而心叛之也。」出知潮州，毫無染指。有黠僚筦郡榷，乾没多，以其餘遺公，公怒叱之。臺使知其廉，欲并屬以榷事，公曰：「奈何奪丞倅職！無已，請爲稽覈可耳。」凝操峻行，爲守郡僅見。著《四書講述》行世。

陳公第，字季主，連江人。嘗謂《易》起於一畫，包涵萬有，初未有文字也，古今諸家皆言卦不言圖，是舍本而尋末。故作《伏羲圖贊》，一筆圓成，不待奇耦離析，而萬千五百二十之策悉出自然。又以《詩》本聲教，宜可咏歌，世人知文不知音，何以被管絃，奏朝廟？因作《毛詩古音考》。又有《尚書疏衍》、《麟經直指》并雜著等書行世。公起家京營，歷任游擊將軍，而能精究聖經，亦今古所希見。

蘇公濬，字君禹，稱紫溪先生。少以理學自任，爲文出入經史。登萬曆癸酉鄉試第一人，丁丑成進士，授南刑部主事。丁外艱，除補工部，董慈寧宫事。先簿正，中貴人不得爲奸利。江陵相有疾，九列爲祝釐，部尚書以祝詞命公，公弗屬也。分校禮闈，及督學浙江，皆有藻鑑聲。遷陜西參議，領商洛道，捐俸葺庠，與秦士談經講藝。或單騎行村落，父老持酒携蔬來餉，公酧而嚼之，若親父兄。秦中苦役，白兩臺用條鞭法，民困以蘇。商洛有礦盗數百，移檄諭之，皆解去。遷廣西參政，領桂平道，政尚簡易，興文化俗，手修《廣西通志》。以平猺擢貴州按察使，未幾謝病歸。有强留者，公曰：「用世如虚舟，存而不繫，過而不留，不以天下爲己有。出世如游魚，游乎江湖，忘乎江湖，不以己爲天下有。」亡何卒。公不設道學之名，而深造有得，居家以孝弟爲宗，當官以義利爲防，廉不買聲，介不絶俗。仰思俯視，充然有得，其胸懷廓落，洞極無際，時或登山臨流，觀化自適。著有《四書解醒》、《易冥冥編》，與蔡氏《蒙引》、陳氏《淺説》並傳，又有《三餘集》、《漫吟集》、《生生篇》。其《雞鳴偶記》一書則躬行心得之言，與虚齋《密箴》相表裏，若《酒經》、《得得篇》則娱心曠志之文也。

李公光縉，字衷一，晉江人。二歲而孤，師事蘇紫溪。善古文詞，領萬曆乙酉鄉薦第一。著述甚富，尤喜序述節烈忠義事，其文章悉嘔心而出，不輕下一語，學者稱衷一先生。著《易經潛解》、《四書臆説》及《景璧集》二十餘卷。

張公廷芳，晉江人。父謙齋，以文學召爲石井書院司糾。公能修父業，講明理學，冠婚喪祭，一遵《家禮》。自號退密翁。嘗著《易經十翼章圖藴義》十卷。

蔡公宗禹，字寶元，漳浦人。父大壯，字丕禮，受業周翠渠，告以主敬之學，充然有得。以舉人任寧鄉知縣，大書「居敬」二字于衙齋，銘曰：「遠敬君，近敬身，幽敬鬼，明敬人，必至無所不敬，庶幾不負吾學，不負吾身。」凡折獄必引經文爲斷，民以事至邑者，必問曰：「讀書乎？」則告以講習之法，或曰未也，則曰：「爾父誤汝矣。速教汝子，勿蹈汝父也。」所有田宅悉以均諸兄弟。著《毛詩釋義》。

公秉性剛介，明敏過人，少年讀書，但求大意，不事鈎索，乃父教以因經求道，因物求知，一日大省。萬曆間貢入太學，大司成葉臺山稱爲天下士，屢贈以詩，于是聲名藉甚。登辛丑進士，司李鎮江。甫下車，首嚴左道之禁，勸諭空門還俗，僧寮道宇，置役守之，以絶士女之往來，而緇衣黄冠經入人家者有罰。法令嚴明，人莫敢犯，惟罪跡未著，或已著而情屬可矜者，率多平反。郡丞某，墨而殘，欲以其私害人，公争之强，致失丞歡。丞方攝郡，上官檄公使代之，丞益恨，搆陷萬端，遂被劾，謫湖州照磨。覈其事，皆烏有。未幾，丞亦敗，彈丞者以螯公爲名，公得白，補授麗水令。冰蘖自矢，園有椿樹，葅之以佐食，蒼頭短衣不完。所得俸錢悉以興學校，資貧士。凡有淫祠，悉改爲書院，而逐其住僧，日與諸生談經講道其中。講畢必謂曰：「吾所持以爲治者，此耳。然天下事宜古不宜今者多矣，凡諸政令有不便于民者，諸生匡我哉。」歲饑，貧無可賑，勸諭諸富室爲糜以濟，而自賦詩以歌其事。富室益樂于爲善，全活不下萬數。事聞，陞刑部主事。以疾乞歸，講學於湖西書院。終日正容危坐，諸生非加冠束帶不敢至前。曉集必拜，有問必趨，退則一揖而别。自臨文作字以至洒掃應對，莫不循循然有規矩，几席之下儼若朝儀。四方負笈來者，至房舍不能容，别結草廬以居。公當風清月白時，提茗挈果，放舟湖上，顧謂門弟子曰：「『活潑潑地』，❶何人解得？向來到此，塵慮盡消，不啻如湖泉萬斛洗腸胃也。先儒所謂『吟風弄月，有吾與點也之意』，此時此景，殆庶幾乎！」生平

❶「潑潑」，原作「潑」，今據《二程集》補。

爲學以力行爲主，獨往獨來，不儕流俗，而婚娶喪葬，一遵《禮經》。足跡不至寺觀，僧巫術士弗與交談，曰：「磨不磷、涅不緇者，聖人事也。吾輩自揣堅白如何，果能磨涅無玷乎？吾不能爲柳下惠，且先學爲魯男子。」或以舉業爲道學病者，答曰：「君勿蹈時趨，但從程、朱講解，則舉業即道學矣。」又曰：「陳布衣先生有言：『程、朱何嘗不科舉，亦以其所學居敬窮理而得者以應試而已。』」年七十餘卒。先生爲人明敏，治郡治邑寬嚴並用。生平屏絶異學，宦跡所經，僧道裹足，其闢邪崇正之功，更不在韓、狄下。今子孫猶能世守其訓，凡吉凶事不仗僧巫，尤近世所希覯者，宜爲有家之法也。

所著有《明誠解》、《程朱要言續》、《毛詩釋》、《史記一家言》、《叢桂軒語録》、《杜詩註釋》等書。學者稱震湖先生。時江右羅公倫、浙中豐公熙皆謫成鎮海，而同邑薛公士彦亦自雲南布政使致仕歸，相與講明正學，有鄒、魯之風。子一橙。

一橙，字廷黄，别號伯梁。充養和粹，雅志經學。黎明必起危坐曰：「此平旦清明之氣也，孟子所謂好惡與人相近者，正在此時，其焉可錯過？」或告以姚江良知之説，則曰：「世守程、朱門户，未便操戈入室也。」領萬曆丙午鄉薦，每公車北上，載籍千卷以行。其于濂、洛、關、閩之書，雖驢背板橋未嘗釋手，曰：「吾敬此如神明，庶幾不見不聞中不敢自肆也。」著《四書提旨》、《詩經會解》、《布衣心圖註》。與晉江蘇紫溪友善，書問辨復甚多，子孫各守家學。

高公一賢，龍溪人。性好學，持《周易》程、朱傳義端坐雲洞中一年，始作《易解》。以貢入成均，領萬曆乙卯順天鄉薦。

林公鈿，字良章，將樂人。萬曆間貢士。時宋儒羅豫章、李延平二先生未與從祀，公請於督學熊公尚文，行之。復刊《楊龜山全集》，著有《澹寧集》行世。時有賴公汝允者，亦請羅、李從祀，而龜山先生之祀則自何公昇請之。何、賴二公，皆公同郡人也。

王公志遠，漳浦人。祖會，以舉人知道州，政尚寬仁，有招撫功。公登萬曆十七年進士，歷户部郎中，贊襄大禮七次，省金錢百萬。中使有徵求者，力争抗疏，屢干宸怒，出爲湖廣參議。陞四川右布政，罷免坐税及茶鹽税歲五萬兩有奇。尋轉廣東左布政，以勤勞卒于官。著《書經解》、《中庸説約》、《王氏四書》，又有《寶廉堂疏》、《鈒鏤稿》、《意雅涉筆》等編。弟志道，登四十一年進士，歷左副都御史。弘光嗣立，起授吏部左侍郎。著有《易解》、《六十四卦名》、《千續韋編》，又有《詩經疏》、《松關書義》、《陰符解》、奏疏、《如江集》等書。

林公祺，龍溪諸生也。少豪宕不羈，後乃收斂力行，閉户著書，人無知者。母没，哀毁骨立，足不出門。年三十餘卒。所輯有《續伊洛淵源録》、《考亭源流録》、《考亭麗澤録》、《高東溪遺澤録》、《陳布衣文抄》、《漳獻備忘》、《漳文備忘》、《古今指掌録》。

林公胤昌，號素菴，晉江人。天啓壬戌進士，歷官吏部文選司，以忤權貴，借他事下詔獄。百日，歸家講學，從游者屨滿。著有《易史象解》、《廣占續》、《小學春秋總論》、《泉山小志》、《經史耨義》、《旦氣箴》、《百夢草》、《笥堤集》等書。

蘇公鼎實，字道宏，晉江人。性警悟，絶意仕進，究心伊、洛之學。著《尚書明説》、《四書註補》、《性理約言》、《人物傳評》、《古今鑑略》。

林公子雲，字質夫，臨漳人。潛心理學，躬行實體，著《易説》十卷。官融州教授。

林公甫任，晉江諸生也。少志聖學，取六經及宋儒書讀之，寒暑不輟。作《四面圖纂》以自記，曰居敬，曰立志，曰進學，曰遠識，自謂「敬」一字持之最堅，雖白刃莫能奪也。所著有《詩經翼傳》、《四書管見》、《感省集》。

鄒公大猷，字星臺，建寧人。歷益陽教論，矩步動遵先民。傳經授徒，務在實行，遇人雖年少，必均以禮，或訓以格言云。

李公仕弼，字君佐，晉江人。善治經，爲諸生祭酒。遠從伊、洛，近守文莊，體裁自家，淵源往哲，學者師之。

李公逢期，字維徵，晉江人。以貢士任瀧水訓導，陞九江德化教諭、寧波教授。以禮讓風士，士林胥化。其學以不欺爲標領，孝弟爲粟帛，整齊嚴肅爲步趨。轉鎮海衛學，寧人奔送百餘里，數日不絶。終藩府紀善，祀寧波名宦。所著有《四書易經隨筆》。

著書諸公

張公書紳，著《四書心旨》、《會宗禮記》、《紉裘正文》、《疑隱關鍵》。

徐公棉，字子瞻，著《周易通解》。閩縣。

黄公文焕，字維章，著《詩經四書瑯環》。永福。

張公以寧，著《春秋論斷》。

翁公興賢，字懋卿，著《易經理解》。侯官。

林公茂槐，字稚虚，著《訂訛音韻》、《字學書考定正》、《四書經史決疑》。福清。

何公宗魯，字宗可，著《詩辨考証》。福清。

卓公衍祥，著《書經删補》。

林公世陞，著《毛詩人物考》。

王公大覺，著《易詩解》。

陳公址，字道從，著《易經摘説》。連江。

王公夢麟，字維振，著《北山讀易記》。閩縣。

鄧公原岳，字子高，著《禮記參衡》。閩縣。

鄧公原宗，著《禮記詳説》。閩縣。

鄧公原芳，著《禮記叩鳴》。閩縣。

鄧公廷曾，著《禮記訂補》。閩縣。以上俱福州人。

周公京，著《周禮句解》。

盧公廷選，字鉉卿，著《尚書雅言》、《四書實義》。

林公全，著《易苑叢圖》。

林公澄源，字仲清，著《書經四書講義》及《悟性吟》等編。

郭公良翰，著《周禮古本訂注》。

陳公言，字直昌，著《尚書講義》。

龔公霖，著《春秋發明》。

林公東海，著《四書集解》。以上俱興化莆田人。

曾公化龍，字大雲，著《易醒解》。晉江。

黄公國鼎，字九石，著《易初進解》。晉江。

林公存，著《易説》。晉江。

張公治具，著《尚書會解》、《四書初説》。晉江。

劉公弘寶，字公可，著《尚書説》。晉江。

蘇公庚新，字子白，著《四書翼箋》、《易經管見》。晉江。

莊公奇顯，字允元，著《尚書指南》及《通鑑性理删》。晉江。

鄭公維嶽，字孩如，著《易經密義》、《四書正脉》、《禮記解》。南安人。以上俱泉州人。

陳公富，著《平心》、《澄氣》二篋。龍溪。

林公敬，著《詩經講義》。漳浦。

江公環，字縉雲，著《詩經衍義》，盛行海内。漳浦。

陳公魁士，著《天文節要》、《地理全集》。漳浦。

何公楷，字位子，著《四書字考》、《考定古文孝經》、《古周易訂詁》、《詩經世本古義》、《春秋繹》等書。漳浦。

黄公道周，字幼伭，别號石齋，著《易象正》、《三易洞璣》、《易本象》、《三易軒圖》、《三易箕圖》、《六十四卦要説》、《革象新書》、《筮命太咸》、《洪範明義》、《典謨集傳》、《禹貢明義》、《政官集傳》、《吕刑明義》、《疇象》、《詩序正》、《詩揆》、《詩表》、《春秋表正》、《春秋揆》、《春秋軌》、《三禮儒行集傳》、《緇衣集傳》、《坊記集傳》、《表記集傳》、《月令明義》、《孝經大傳》、《孝經贊》、《孝經外傳》、《孝經定本》、《孝經別本》、《續離騷》、《神宗實録》、《興元紀略》、《駢枝別集》、《浩然堂文集》、《榕壇問業》、《明誠堂問業》、《北山問業》。漳浦。

戴公廷槐，著《易學舉隅》。長泰。

陳公九敘，著《心源録》。漳平。以上俱漳州人。

蕭公來鳳，字舜儀，著《演宗問答》。

游公居敬，字行簡，著《五經旁訓》。以上俱延平人。

林公命，字子順，著《正氣録》、《春秋訂疑》。建安。

龔公釜，著《古學編》。建安。

鄒公希賢，著《春秋正解》。建安。

滕公伯輪，字汝載，著《羲經要旨》。甌寧。

魏公濬，著《易義古象通》。松溪。

謝公時可，著《左傳管見》。以上俱建寧人。

張公能恭，字禮言，著《禹貢訂傳》、《忠定奏議》、《天地人文》八十卷。邵武人。

黄公乾行，字大同，著《春秋目録》。福寧。

陳公褎，字邦進，著《易書詩緒説》、《禮記正蒙》。寧德。以上俱福寧州人。

《儒藏》精華編選刊即出書目（二〇二三）

白虎通德論
誠齋集
春秋本義
春秋集傳大全
春秋左氏傳賈服注輯述
春秋左氏傳舊注疏證
春秋左傳讀
道南源委
桴亭先生文集
復初齋文集
廣雅疏證
龜山先生語録
郭店楚墓竹簡十二種校釋
國語正義
涇野先生文集
康齋先生文集
孔子家語　曾子注釋
禮書通故
論語全解
毛詩後箋
毛詩稽古編
孟子正義
孟子注疏
閩中理學淵源考
木鐘集
群經平議

三魚堂文集　外集
上海博物館藏楚竹書十九種校釋
尚書集注音疏
詩本義
詩經世本古義
詩毛氏傳疏
詩三家義集疏
書疑　東坡書傳　尚書表注
書傳大全
四書集編
四書蒙引
四書纂疏
宋名臣言行録
孫明復先生小集　春秋尊王發微
文定集

五峰集　胡子知言
小學集註
孝經注解　温公易説　司馬氏書儀　家範
揅經室集
伊川擊壤集
儀禮圖
儀禮章句
易漢學
游定夫先生集
御選明臣奏議
周易口義　洪範口義
周易姚氏學